LÉON GÉRAUD.

# LES ÉTAPES

D'UN

# CHASSEUR A PIED

Souvenirs de la 1re armée de la Loire.

— 1870 —

PARIS
LIBRAIRIE HENRI ANIÈRE
A. BROUSSOIS ET Cie,
4, RUE DUPUYTREN, 4

1872

LES ETAPES

D'UN

CHASSEUR A PIED

Paris. Typ. A. PARENT, rue Monsieur-le-Prince, 31

LÉON GÉRAUD.

# LES ÉTAPES

D'UN

# CHASSEUR A PIED

Souvenirs de la 1ʳᵉ armée de la Loire.

— 1870 —

PARIS

LIBRAIRIE HENRI ANIÉRÉ

A. BROUSSOIS ET Cⁱᵉ.

4, RUE DUPUYTREN, 4.

1872

## PRÉFACE.

Voici, en deux mots, le sens de ce petit volume.

Un simple sous-officier, ancien soldat, rappelé au service militaire par la loi du 10 août 1870, raconte, au jour le jour, les événements dont il a été le témoin, depuis son retour sous les drapeaux, jusqu'à la fin de la guerre prussienne.

Faits militaires; esprit de l'armée; attitude des populations, avec lesquelles il s'est trouvé en contact; fautes de tout genre; désordres de toute nature; il a tout noté soigneusement, avec une vérité absolue; et, avec le même soin, la même vérité, il reproduit tout aujourd'hui.

Ce n'est point une page d'histoire à coup sûr, l'auteur ne saurait s'élever à de si hautes prétentions; mais, peut-être un jour, ce grain de sable oublié fournira-t-il quelques renseignements utiles à l'écrivain assez autorisé et assez courageux, pour ériger le gigantesque monument de cette funèbre épopée.

Dans tous les cas, ce récit peut être intéressant, par le seul fait de son exactitude et de sa véracité.

Du premier au dernier alinéa, il défie le contrôle le plus sévère, auquel peuvent le soumettre les gens dont il y est fait mention et qui, pour la plupart, vivent encore.

L'auteur n'a vu qu'un point dans cette immense mêlée, mais, ce point, il l'a bien vu et peut le reproduire comme l'on reproduit une chose vue.

Ici, point de combinaisons stratégiques, répétées tout au long, mais la vie intime du soldat durant ces pénibles épreuves.

Parfois le rire se glissera dans ces tristes feuillets, mais que voulez-vous, ceux-là avaient bien le droit, pour oublier leurs maux, de se mettre un peu en gaieté, qui s'en allaient, pataugeant dans la boue et dans la neige, le sac sur le dos et le fusil sur l'épaule, au devant des envahisseurs victorieux.

Puisse-t-il, ce récit, être également un légitime sujet d'orgueil, pour d'anciens compagnons d'armes qui se diront en le lisant : Oui c'est vrai, c'est bien cela, tel jour nous étions là, tel autre nous faisions ceci; rien n'est oublié ; ah! oui, nous avons enduré toutes ces misères, mais aussi, aujourd'hui, pouvons-nous marcher la tête levée, tristes, mais non pas honteux, car tous — chacun dans la mesure de ses forces — nous avons accompli notre devoir, et malgré les déserteurs et les traîtres, essayé au moins de délivrer la patrie du joug de l'étranger !

# I

## LA LOI DU 10 AOUT 1870.

La nouvelle des désastres de Wissembourg, Frœschvillers, Forback et Spikeren, venait de se répandre en France comme un coup de foudre.

Une stupeur douloureuse succédait aux illusions des derniers jours, et les moins clairvoyants commençaient à prévoir des désastres plus grands encore.

Pourtant, jamais meilleures troupes n'avaient combattu sous le drapeau national, nulle part l'héroïsme français ne s'était mieux affirmé !

Mais l'on avait été surpris, disait-on, et écrasé par le nombre.

Hélas ! que de fois encore l'on devait dire semblable chose.

Un jour, sans doute, l'histoire mettant en pleine lumière les ombres de cette époque, fera à chacun sa part rigoureuse, mais dès à présent il est bien permis d'affirmer que, si la trahison n'entrait encore pour rien dans nos revers, l'ineptie écrasante des généraux de cour et d'antichambre les avait du moins préparés.

Quoi qu'il en soit, l'héroïque Mac-Mahon battait en retraite sur la Moselle avec les débris de ses 33,000 braves.

Les divers commandements venaient d'être résignés en une seule main, celle de BAZAINE ! Et la patrie était déclarée en danger.

C'est alors, 10 août 1870, que parut cette fameuse loi

Kératry, dont l'application entière et immédiate eût sinon sauvé la patrie, du moins circonscrit, à coup sûr, les ravages ultérieurs de l'invasion.

« Tous les célibataires âgés de 25 à 35 ans, disait le texte, devaient être incorporés dans l'armée active, les plus jeunes d'abord, les autres ensuite.

« Quant aux anciens militaires libérés, tombant sous le coup de cette loi, c'est-à-dire non mariés et âgés de moins de 35 ans, ils étaient tenus de retourner au plus vite dans les bataillons dont ils avaient fait partie. »

Certes, quand depuis de longues années on a satisfait aux lois de son pays, que l'on a vécu d'une vie libre et indépendante, que l'on se croit pour toujours les pieds sur les chenets de son foyer, cela semble dur de venir tout d'un coup reprendre le harnais militaire et recommencer la vie des camps.

Mais où trouver des soldats pour défendre la patrie en danger ?.... il fallait bien agir ainsi.

Aussi, cette loi souverainement injuste, mais très-logique, il faut l'avouer, fut-elle le mieux accueillie par ceux-là mêmes qu'elle frappait le plus rudement.

Les héros, qui plus tard, devaient marcher à la gloire sous le titre de *mobilisés*, s'émurent fort au contraire et autant que possible, cherchèrent à éluder cette gloire ; quant aux anciens soldats, contents ou non, ils partirent tous comme un seul homme.

Cela peut et doit être dit à l'honneur de la réserve.

Dans le département de l'Aisne, comme dans toutes les contrées de l'est, au surplus, cette mesure énergique fut vivement acclamée et chacun fit ses préparatifs de départ.

Laon, Soissons, Vervins, Oulchy-le-Château, Château-Thierry, toutes ces villes qui gardaient encore le souvenir amer des deux invasions, se hâtèrent d'envoyer leurs contingents.

Il eût fallu voir, dans la matinée du 13 août, l'aspect de la petite ville de Château-Thierry ! Les rues remplies de mobiles, de rappelés, de soldats des réserves, présentaient une animation tout à fait insolite, et chacun, s'exaltant avec force tapage à l'idée de la bataille, remplissait la cité d'un bruit vraiment extraordinaire.

Certes, la France était loin d'être épuisée comme en 1814 et en 1815, et les Prussiens, disait-on, n'étaient pas près de ravager une troisième fois les fertiles vallées de la Marne; néanmoins il était bon de leur montrer des forces imposantes qui, à coup sûr, ne serviraient de rien.

Les Français n'étaient-ils plus les Français ? et dans l'espoir d'un prompt retour, on se serrait la main, on s'embrassait.

Ah ! s'écriait-on, vous n'aurez pas la peine de la bataille, tout sera fini, quand vous arriverez. Rien que de vous voir, ils se sauveront !

Mais les vieux pensaient autrement. Aux ressouvenirs du passé, ils hochaient la tête, disant d'un air sombre que la levée en masse n'eût pas été de trop !

Les poltrons, eux autres, s'écriaient déjà que tout était perdu et en gens prudents, ils emballaient leur argenterie, touts prêts à s'emballer eux-mêmes pour Bordeaux ou pour les Alpes-Maritimes.

Quant aux mères, elles se lamentaient par les rues de la ville : mon Dieu, est-ce que toutes ces boucheries ne vont pas bientôt finir? Est-ce que le carnage n'est pas consommé ?

Pauvres femmes! Le carnage commençait à peine, et elles devaient pleurer autrement par la suite.

Les partants seuls étaient franchement joyeux, leur enthousiasme débordait, et je me souviens encore de nos discours dans la petite diligence qui nous entraînait de Château-Thierry à Villers-Cotterets.

Mobiles ou rappelés fraternisaient sans s'être jamais vus, et l'idée de la prochaine victoire nous rendait amis tout de suite.

Après tout, qu'étaient-ce que les défaites de Wissembourg et de Frœschviller? Des surprises et rien de plus.

Les Allemands s'étaient toujours tenus, quatre contre un, ce qui ne prouve pas un grand courage, et les nôtres au contraire avaient lutté avec un héroïme sublime.

Mais, nous allions bientôt entrer en ligne nous autres, et les choses changeraient de face.

Les anciens soldats rappelés devaient former à eux seuls, d'après notre estimation, une formidable réserve de 300,000 hommes, et cela suffisait amplement pour anéantir toutes les armées de la Prusse.

Ces loups Germains rentreraient dans leurs forêts, plus vite qu'ils n'en étaient sortis et y seraient brûlés tout vifs.

Cela paraissait tellement simple et naturel que l'on finissait même par s'attendrir sur leur sort, on les plaignait. Puis en signe de joie nous chantions sur notre voiture, tantôt la Marseillaise, tantôt les Volontaires de 89, et ces chants rassuraient les paysans courbés sur leurs sillons, qui, de loin, sans interrompre leur travail, nous saluaient de la main, nous souhaitant bonne chance et bon courage.

Dans les bourgs et villages où l'on entrait avec fracas : à Lattily, Neuilly-Saint-Front, la Ferté-Milon, etc., la diligence aussitôt arrêtée, chacun accourait savoir des nouvelles.

Où sont les Prussiens ? — Que fait Mac-Mahon ? — Bazaine tiendra-t-il ? — Croyez-vous qu'ils viendront ?

— Ah ? mon Dieu, disaient les vieilles, s'il fallait voir encore un pareil malheur ?

Alors les bizets souriaient d'un air capable et se rengorgeaient dans leurs uniformes incomplets de gardes nationales, frappant sur leurs buffleteries et armant leurs fusils à piston.

Quant à nous, cette idée de voir les Prussiens entrer à Neuilly-Saint-Front où à la Ferté-Milon, nous faisait rire aux larmes et l'on se tenait les côtes pour ne pas éclater.

Hélas ! chacun dans sa vantardise française était encore dans l'ignorance des choses de l'Allemagne, et nous ne songions pas que ces larmes de rire devaient être remplacées un jour par d'autres bien amères, en revoyant, dans ces mêmes pays, les soldats de la Landwer paisiblement installés comme chez eux et même fêtés par quelques-uns de ces guerriers à piston qui avaient si bien juré de les détruire.

Enfin que voulez-vous ? En ce monde il faut s'attendre à tout.

Par exemple la conduite de Lebœuf exaspérait tout le monde, on le rendait responsable de tout, et quand son nom venait à être prononcé c'était un concert unanime d'injures et de menaces.

Lebœuf pour ces paysans était le bouc émissaire de

Napoléon III, et il aurait dû payer à lui seul les vingt années d'empire.

Ces gens ne devaient être désillusionnés que par une série de revers inouïs, et encore plus d'un, aujourd'hui, reste-t-il fermement convaincu que les républicains sont cause de tous nos malheurs.

O sainte ignorance, combien doivent te bénir ceux qui aspirent à tromper les peuples !

Enfin, quoi qu'il en soit, notre passage rendait confiance à ces paisibles hommes d'armes, et il se berçaient de l'espoir de parader, longtemps encore, sans danger, avec leurs fusils à percussion.

## II

### LES MOBILES DE SOISSONS

Comme la loi, rappelant les anciens soldats, leur enjoignait de se rendre dans leurs chefs-lieux de département, pour être dirigés ensuite sur leurs dépôts respectifs, il nous fallut de Villers-Cotterêts gagner Soissons, puis Laon.

Cette mesure fort discutable, soit dit en passant, et qui vous entraînait à des détours insensés, fut cause d'un retard considérable dans l'incorporation des rappelés.

Ainsi, par exemple, un ancien soldat libéré, domicilié à Paris, natif du département du Rhône et sorti du 5$^e$ bataillon de chasseurs à pied, devait d'abord, de Paris, se rendre à Lyon, puis ensuite à Rennes : garnison du 5$^e$ chasseurs ; et enfin, quelques jours plus tard, se remettre en route, soit pour l'armée de Paris, soit pour celle des Vosges encore intacte !

Il est vrai d'ajouter que si l'ancien bataillon du rappelé se trouvait au pouvoir de l'ennemi ou dans la zone des opérations, on envoyait ce rappelé au dépôt de son arme le plus proche.

A l'égard des engagés volontaires, on procédait d'une bien autre façon, et leur itinéraire était à coup sûr le plus fantaisiste qui fût au monde.

Un jeune Douaisien, enflammé d'ardeur pour la patrie et aussi pour l'uniforme des zouaves, s'engageait-il au 3ᵉ régiment de cette arme, je suppose? que faisait-on?

On dirigeait le jeune Douaisien, par une diagonale habile, de Douai sur Marseille, puis par une ligne droite de Marseille sur Philippeville, peut-être même sur Constantine : ce nid d'aigles, et une fois là, on l'exerçait au maniement des armes.

Puis deux mois après, on l'embarquait à Philippeville, on le débarquait à Marseille, et il venait enfin prendre rang parmi les soldats de la Loire ou de l'Est, si toutefois il n'était pas trop tard.

Eh bien, n'eût-il pas été beaucoup plus simple de tenir tout d'abord ce petit discours au jeune Douaisien :

« Mon ami, quelle cause vous amène au bureau de recrutement? Venez-vous séduit par l'uniforme des zouaves, ou entraîné par l'amour de la patrie?

Si ce dernier cas est le vôtre, comme nous nous plaisons à le croire, faites une chose, entrez donc tout bonnement dans un bataillon de chasseurs, ici même à Douai, vous ne perdrez aucun temps pour votre instruction militaire et partirez rapidement sur les champs de bataille; si au contraire l'attrait du costume est votre seul mobile, achetez, rue des Frippiers, une défroque de zouave, puis quand viendra le carnaval, vous pourrez vous en revêtir à votre aise et sortir ainsi costumé par les rues.

« Vous aurez satisfait votre innocent caprice tout en épargnant l'argent de deux longs voyages. La France est certainement trop riche, nous ne l'ignorons pas, et elle ne sait que faire de ses écus, néanmoins nous avons résolu d'assumer sur nos têtes la responsabilité de cette petite économie. »

Mais le bureau de recrutement se gardait bien de tenir à l'engagé volontaire un semblable discours. Que fût devenue la routine ?

Douaisiens et Dunkerquois continuaient donc à s'engager pour l'Algérie, tandis que le canon tonnait à Saint-Quentin.

Plus tard, vers la fin, tout à fait vers la fin de la guerre, quand le Nord fut très-bloqué, — l'armistice, je crois même, était affaire conclue, — l'on avertit les jeunes gens de ces patriotiques contrées de n'avoir plus à se présenter pour signer d'engagements lointains, mais il était trop tard.

Ce mot qui est celui de toutes les révolutions, me suis-je laissé dire, devait être aussi celui de cette guerre funeste.

Ainsi que je l'ai déjà dit, notre première étape était Villers-Cotterêts, la seconde Soissons. Je m'arrêtai dans cette dernière ville, curieux de serrer la main à quelques camarades incorporés dans la mobile de l'Aisne.

Lorsque j'entrai dans leur caserne, ils étaient — je me souviens encore — occupés à la formation des bataillons et des compagnies, et cette organisation toute fantaisiste, dont je fus témoin par le plus grand des hasards, me donna de prime abord beaucoup à penser.

L'un voulait être de telle compagnie et non de telle autre, celui-ci avait été nommé sergent et réclamait pour être sergent-major.

— Et vous, que voulez-vous faire ?

— Oh ! moi, je serai vaguemestre, disait un bon gros garçon.

— Mais un adjudant ? Qui fera l'adjudant ? Personne ne voulait être adjudant.

Les capitaines allaient, venaient, se démenaient en tous sens, dans l'impossibilité absolue de réunir leurs compagnies. Quand ils avaient mis de côté une certaine quantité d'hommes, ils les emmenaient dans un endroit quelconque de la caserne, les faisaient placer sur deux rangs, avec recommandation expresse de ne pas bouger, puis ils retournaient chercher dans le tas où se faisait l'appel, le reste de leurs compagnies.

Quand, à force de patience, ils avaient trouvé les récalcitrants, ils les poussaient alors vivement vers l'endroit où se trouvaient déposés les premiers. Mais ceux-ci, bientôt las de cette immobilité insolite, étaient déjà repartis dans toutes les directions, ou s'étaient refaufilés dans le tas, espérant par cette manœuvre coupable changer de bataillon.

Et toujours il fallait recommencer, en sorte que les infortunés capitaines demeuraient constamment à la tête de demi-compagnies.

Aucun de ces mobiles, ai-je besoin de vous le dire, n'était armé : aussi pour faire l'exercice étaient-ils obligés d'emprunter les fusils des pompiers de la ville.

Un officier d'infanterie de ligne présidait ce chaos, essayant de le débrouiller. J'ignore s'il y est parvenu, je l'espère, mais de toute façon il a bien mérité quelque chose pour ses efforts.

Quant à la fraternité entre tambours et lieutenants, elle était vraiment touchante, et ils s'interpellaient de façon à ne laisser aucun doute à cet égard.

— Allons boire un coup !

— C'est y tè qui payes ?

— Oui, c'est mè. Mais il ne faut plus me tuteyer.

— C'est y possible ?

— Et puis pour sûr; il faudra m'obéir, c'est moi que je vais commander!

— C'est pas Dieu possible! montre voir un peu comment que tu feras?

Et l'homme à la caisse, riant aux éclats d'un rire trop naïf pour être insolent, frappait amicalement sur le ventre de son lieutenant et l'entraînait bras dessus, bras dessous, vers une cantine improvisée.

Enfin, c'était à mourir de rire, ou de chagrin, comme vous voudrez; et cependant les Prussiens s'avançaient à marches forcées sur Metz et Nancy.

L'empereur, à la vérité, avait naguère estimé les forces de la France à 1,200,000 combattants, l'on pouvait dormir tranquille.

# III

### DE LAON A DOUAI.

Le 14 août, dans la soirée, nous arrivions à Laon, et le lendemain 15, chacun se présentait au bureau de recrutement, déclinant ses noms, profession, titres et grades avec la désignation de son ancien corps.

Après le petit interrogatoire d'usage, les employés nous ayant rendu la liberté, on fut se promener par les rues de la ville.

Il faisait un temps splendide, aussi les bourgeois sortaient-ils de toutes parts.

Pour fêter la Saint-Napoléon, une grande revue des troupes de la garnison avait été commandée au champ Saint-Martin, ce qui augmentait encore l'émotion de la cité.

Ces troupes, composées de recrues du 15$^e$ de ligne, de mobiles — cousins germains des mobiles de Soissons — et enfin des pompiers et de la garde nationale, devaient, disait-on, fournir la défense de la ville, dans le cas improbable où les Prussiens oseraient l'attaquer.

Mais les bons Laonnois ne voulaient pas même admettre semblable éventualité.

— Laon est imprenable, disaient-ils.

— Tenez, là en bas, voyez-vous, et ils montraient l'immense plaine qui se déroule de Laon à Saint-Quentin, les Prussiens ont été rudement étrillés en 1814.

— Et comme ils ont bonne mémoire, ils ne viendront pas s'y frotter de nouveau.

— D'ailleurs, on se défendrait à outrance ; la garde civique est résolue.

— Oui, monsieur, résolue. Voyez donc les sapeurs !

Les sapeurs, en effet, caparaçonnés de leur tablier blanc, empanachés de leur haut bonnet à poil, marchant posément comme il convient à des défenseurs de l'ordre, dodelinant de la tête et balançant leurs outils fraîchement aiguisés, semblaient sourire dans leur ~~vraie ou fausse barbe~~ *—barbe vraie ou fausse* à ces discours patriotiques du voisin d'en face.

Quant aux vulgaires hommes d'armes, ils approuvaient en marquant la cadence du pas.

Et dire que nous avions alors la bonhomie de prendre au sérieux toutes ces démonstrations ridicules !

Si la France se lève ainsi, pensions-nous, pauvres Allemands faméliques, bien peu d'entre vous s'en retourneront épouvantés redire vos désastres aux peuples d'outre-Rhin !

Mais, vaines illusions ; ces haches de sapeurs ne devaient jamais rien hacher, et ces mousquets civiques étaient tout au plus bons à flamber sur la place de la Mairie.

Enfin, tout ce que l'on dira ne changera rien aux faits accomplis. Puisse seulement l'expérience nous profiter !

J'avais espéré rejoindre mon ancien bataillon à Metz, mais la ville déjà investie était inabordable aux détachements français.

Le chemin de fer refusait même des voyageurs pour Longuyon. Il me fallut donc prendre la route de Douai, garnison du 2$^e$ bataillon de chasseurs dans lequel j'étais dorénavant incorporé.

Comme je stationnais à Amiens, je fus là encore témoin d'un spectacle militaire, tout à fait inattendu.

Le 16 août au matin, les pompiers de la ville, en grande tenue et dans un état d'ébriété satisfaisant, se préparaient à partir pour Paris où étaient mandés tous les pompiers de France, disait-on, à seule fin d'y maintenir l'ordre troublé par ces misérables républicains dont le mauvais esprit s'obstinait à nier les bienfaits de l'empire.

Excusez-moi, mais je ne saurais vous dépeindre au juste l'enthousiasme que ce départ excitait dans la population.

Les pompiers d'Amiens, rangés sur deux files, attendaient leurs collègues des pays avoisinants, qui, à chaque instant, arrivaient par groupes et par petits pelotons.

La gare en était littéralement encombrée. Aussitôt débarqués, ils formaient les faisceaux et venaient souhaiter le bonjour aux citadins.

On voyait réunis les pompiers de Corbie, de Péronne et de Poix, ceux de Montdidier et de Saint-Régnier, ceux encore du Crotoy et de Doullens, et tout ce monde présentait une série d'uniformes à désespérer l'œil du coloriste le plus endurci.

Ici, une tunique toute neuve, en drap bleu, se carrait proche d'un frac vert dépenaillé du premier Empire.

Là, un casque romain se heurtait fraternellement à une coiffure de carabinier moderne; quant aux buffleteries, elles étaient de toutes nuances, on en distinguait de jaunes, de blanches, de noires, vernies ou cirées.

Je ne vous parlerai pas des fusils. Sauf le chassepot, je crois que tous les genres d'armes à feu, connus depuis l'invention de la poudre, se trouvaient rassemblés là.

Beaucoup de ces pompiers avaient amené leurs femmes en grande toilette, et celles-ci, de loin, les deux poings sur les hanches, admiraient leurs hommes.

Parfois l'une ou l'autre se précipitait pour serrer une boucle de pantalon, ou assujettir un cimier rebelle ; quelques-unes tournaient autour de leur mari, passant comme une sorte d'inspection de sergent de semaine, puis, après avoir rectifié des erreurs de tenue, retournaient se placer au loin pour juger de l'effet.

Enfin, ces gens étaient un point de mire universel.

A un moment donné, et comme l'animation arrivait à son comble, des clairons suraigus donnèrent le signal, et tous firent irruption sur les quais de l'embarcadère, où les attendait un train spécial.

Ce fut au milieu de chants bachiques et patriotiques, de cris d'adieu et d'un tumulte effroyable que s'effectua le départ de tous ces braves soutiens de l'ordre.

Quelques jours après, ils revinrent, comme ils étaient partis, tout fiers d'avoir promené leurs casques sur les boulevards et très-satisfaits de leur petite expédition.

Vérification faite, les républicains, en ce moment moins que jamais, n'avaient songé à troubler l'ordre. Il s'agissait d'un assassinat commis sur la sentinelle d'un poste de pompiers à la Villette par quelques repris de justice des quartiers excentriques.

Mais l'Empire, à sa dernière extrémité, faisait flèche de tout bois. Qui l'ignore ?

Douze cent mille combattants d'une part, me disais-je en remontant en voiture pour Douai; douze cent mille combattants d'une part et seize cent mille pompiers de l'autre pour assurer l'ordre : total, deux millions huit cent mille hommes sans compter les gardes nationales, ce n'était vraiment pas la peine de nous déranger.

Puis, en pensant que deux corps d'armée français avaient, seuls jusqu'alors, soutenu le choc des masses ennemies, qu'il en restait encore quatre et la garde impériale parfaitement intacts, je me dis : à la première rencontre tout changera forcément.

Le rappel des anciens soldats était donc une simple démonstration; avant un mois la guerre serait finie, et nous en serions quittes pour un séjour de trois semaines au camp de Châlons.

Voilà dans quelles dispositions d'esprit je débarquai à Douai.

Ces idées qui étaient celles de bien d'autres alors, devaient se modifier singulièrement par la suite, et nous ne devions pas tarder à comprendre que notre rappel était mieux qu'une plaisanterie.

## IV

### LES RAPPELÉS.

Si jamais votre mauvaise étoile vous conduit à Douai, évitez avec soin la bière du pays, méprisez ouvertement quiconque vous proposerait de visiter les fortifications, et allez tout droit à la maison de ville, seul monument qui vaut d'être admiré.

Quand vous aurez vu cela, vous aurez tout vu.

Ne me parlez ni de la Scarpe, ni de la fonderie de canons, où ne fond que l'argent de la France, ni de l'arsenal, ni des casernes, — ni surtout des casernes ! — mais encore un coup, pour peu que vous soyez artiste, écrivain, architecte, ou simple citoyen, amateur du beau, dites-moi votre avis sur cette unique merveille de Douai : l'Hôtel-de-Ville.

Cette vieille bâtisse d'un autre âge vaut à elle seule un long poëme, croyez-le, et pour moi, je n'ai jamais pu regarder sa haute tour noircie, aux multiples clochetons dorés, sans me sentir réjoui jusqu'au fond de l'âme.

Lorque pour la première fois, le 16 août, je me heurtai à l'un de ses angles, je tombai en admiration, et il me fallut rien moins que le sentiment du devoir et les appels réitérés de mon guide pour me décider à poursuivre ma route jusqu'à la caserne d'Equerchin.

Dans cette immense caserne, située à l'autre extrémité de la ville et composée de deux spacieux bâtiments parallèles, séparés par une vaste cour, et dont l'aspect n'a rien de commun avec celui de l'Hôtel-de-Ville, s'agitaient alors les dépôts des 2ᵉ et 17ᵉ bataillons de chasseurs à pied.

C'était là le terme de mon voyage. Sur le seuil de la grande porte, se tenait, frisant sa moustache en croc, le sergent Jambon.

Je lui demandai l'adjudant, il m'indiqua son logis et j'entrai.

On me conduisit à un sergent-major, auquel je présentai ma feuille de route, et le soir même, j'étais numéroté, casé, immatriculé et finalement très-mal couché dans un fort mauvais lit.

Eh bien, faut-il vous le dire? l'aspect de cette caserne avait suffi à bouleverser toutes mes idées, et le premier sentiment de mon incorporation fut un malaise confus que je ne saurais définir.

Je ne m'étais pourtant point brisé une côte en tombant, je pouvais aller et venir comme de coutume, je respirais même avec une certaine facilité; néanmoins, quelque chose était survenu : lourd comme un manteau de plomb.

Mais, lorsque dépouillé de mes vêtements d'homme libre, je fus revêtu du harnais militaire, ce fut bien autre chose.

Je me demandai avec effroi si je ne subissais pas un affreux cauchemar.

Vivais-je en 1860 ou en 1870? Cette caserne et son va-et-vient m'étaient familiers! Ces appels stridents du clairon, je les savais par cœur! Ces interpellations et ces divers commandements, je les avais prononcés moi-même! Tous ces harnachements, je les connaissais dans leurs moindres détails!

N'étais-je point, par hasard, toujours demeuré là, et

un autre n'avait-il pas, dans une existence libre de dix années, pensé, souffert, aimé et haï, vécu pour moi enfin?

Mais non, le doute était impossible, et mon identité m'apparaissait irrécusable.

Ainsi, pensais-je, quatre ans de mon existence, les périls d'une guerre absurde, — Italie 1859! — et quinze cents francs de mon modeste patrimoine n'auront point suffi à me libérer, tandis que d'autres n'ont jamais rien fait et ne feront jamais rien pour leur pays, quoi qu'il arrive ?

Et je passai alors un quart d'heure bien amer, que je ne souhaite pas à mon plus cruel ennemi.

Mais la notion de l'actualité me revenant peu à peu, je réfléchis que je n'avais pas été mandé au quartier d'Equerchin pour y moisir, que la patrie était menacée, que chacun se levait pour la défendre, qu'il eût été honteux de rester inactif quand les plus paisibles citoyens couraient aux armes, — je songeais alors sans rire à la garde nationale de Laon, — et enfin que de deux choses l'une : ou les défaites, se renouvelant, nécessiteraient notre présence devant l'ennemi, ou, la guerre cessant bientôt, nous serions immédiatement renvoyés chez nous.

Dans l'un comme dans l'autre cas, le séjour odieux de cette caserne devait donc être de courte durée, et insensiblement cette idée me consola.

Puis, jetant les yeux autour de moi, je m'aperçus que je n'étais pas seul dans mon infortune.

Les rappelés arrivaient de toutes parts en grand nombre, et, comme chacun d'eux exhalait bruyamment sa plainte, je constatai avec plaisir qu'un malheureux trouve toujours un plus malheureux à consoler.

Ainsi, des gens très-régulièrement libérés du service, depuis quatre, six, huit, dix, douze, et même *treize ans*, avaient été contraints de revenir là.

Ayant presque tous fait campagne, ils portaient pour la plupart, sur leur poitrine, soit une médaille, soit un bout de ruban.

Les uns étaient allés en Chine, les autres au Mexique, ceux-ci en Crimée, ceux-là en Italie.

D'aucuns même avaient fait plusieurs expéditions.

Ainsi, Ménager le clairon, avait vu la Crimée et la Chine; Fourier, le pauvre garçon, mort le 2 décembre à la bataille de Loigny, connaissait Mexico et la Vera-Cruz.

Dorbec avait été cité en Chine à l'ordre du jour. Houdet s'était battu en Crimée, dans la Baltique, en Italie et en Chine. Mais je n'en finirais pas s'il me fallait vous les nommer tous.

Pour distinguer ces anciens soldats des engagés ou des recrues, on les désignait familièrement par le nom de leurs campagnes. On disait : *les Mexicains, les Chinois, les Italiens*, etc. Mais les Chinois étaient en grande majorité, parce que le 2$^e$ chasseurs, tout entier, avait fait l'expédition de Chine en 1860.

Du reste, il faut le dire ici, les officiers, appréciant parfaitement la position exceptionnelle des rappelés, étaient remplis pour eux d'égards et de bienveillance.

Mais les égards ne compensaient ni les positions perdues, ni les établissements livrés à l'abandon, ni les terres laissées en friche, ni les vendanges inachevées; aussi chacun de se récrier contre l'infamie de cette guerre que le gouvernement impérial avait déchaînée.

Pour la plupart, nous étions républicains, et bien

qu'alors le sentiment patriotique dominât tout autre, l'on ne pouvait échapper à ce dilemme effrayant :

Ou les Prussiens, par leurs victoires successives, envahiraient la France en renversant Napoléon III, ou celui-ci vainqueur, fonderait sa dynastie et plus que jamais écraserait le pays sous son despotisme énervant.

Français, nous étions battus, envahis, ruinés ; Républicains, nous étions à jamais détruits, et, penser plus douloureux, nous-mêmes aurions travaillé à notre propre perte.

Néanmoins, le patriotisme l'emportait, et l'on préférait encore le triomphe du despote aux malheurs de la France.

Mais les plus exaltés criaient tout haut : Eh bien soit, marchons! plus tard nous demanderons des comptes les armes à la main ; et les chefs laissaient dire, tant la puissance de l'Empereur s'effondrait journellement.

Du reste, dès cette époque, il nous semblait impossible qu'il rentrât jamais à Paris.

Nous attendions, anxieux, les événements, car les batailles de Gravelotte et de Borny, annoncées comme de grandissimes victoires, n'avaient nullement donné les résultats que l'on était en droit d'attendre, et l'ineptie des généraux continuait à nous désoler.

Quant à la masse ignorante des soldats, elle s'écriait à tout instant : trahison ! trahison ! et il était bien difficile de lui faire comprendre qu'un général peut perdre une bataille aussi bien pour avoir dansé trop souvent le cotillon ou la mazurka, dans la *galerie des souverains*, que pour avoir livré ses plans à l'ennemi.

Une chose encore nous attristait : l'impudence de certains journaux.

Les armements, disaient-ils, se poursuivent avec une rapidité extraordinaire, et dans quelques jours nos trois cent mille hommes rappelés seront à la frontière, etc. Or, la plupart d'entre nous n'étaient même pas armés, faute de fusils.

Il fallut huit jours pour habiller, équiper et **armer** chacun, encore se pressait-on fort. Des engagés volontaires, arrivés les 8 et 10 août, n'avaient, le 24 du même mois, ni sac, ni fusil, ni giberne. Cela est authentique.

M. Lebœuf, — et chacun lui en savait un gré infini, — avait déclaré que, durant tout le cours de la guerre, les boutons de guêtre ne manqueraient pas, mais il n'avait parlé ni des sacs, ni des gibernes, ni des fusils, ni même des canons!

Que voulez-vous, l'on ne peut pas songer à tout.

## V

DE LA CASERNE D'ÉQUERCHIN AU CHAMP GAILLAN.

Quand nous fûmes tous habillés, — pantalon, petite veste et manteau, — équipés et armés, le vieux sergent Lambœuf nous initia promptement au maniement du chassepot, que la plupart d'entre nous ignoraient.

Théoriquement, ce fut l'affaire de quarante-huit heures. Ensuite, le commandant du dépôt, M. Audié, —un vieil homme de guerre criblé de blessures,—nous fit placer sur deux rangs, et invita les anciens gradés à instruire les recrues à leur tour.

On vit alors s'avancer : Guéroult, le fourrier légendaire, Riballier, l'ex-quartier-maître de *la Revenche*, Gaubert, à la voix retentissante; Saumon, à la voix plus retentissante encore; Bricka de Monthiers, le théoricien forcené; Notot, l'armurier de Marchiennes, ce pauvre Pizelle tué à la bataille de Loigny, et tant d'autres enfin.

Ces rappelés formaient à eux seuls un cadre tout trouvé; mais, tandis que l'on faisait éclore, comme par enchantement, des officiers de mobiles, l'on se contenta de donner à tous ces gens des galons de caporal.

La loi du 10 août était cependant formelle, et chacun devait rentrer dans le grade qu'il avait possédé; mais entre la loi et l'esprit de la loi, il est tout un monde ; personne n'en ignore. Plus tard seulement, et après bien des fatigues, ces galons de laine devaient être échangés contre des galons d'argent, ou plutôt de fer-blanc, comme disait notre ami Geoffroy.

Alors commença pour tous l'existence du Champ-Gaillan.

A Douai, l'on désigne sous ce nom un cimetière situé en dehors des remparts, tout proche de la gare du chemin de fer. A deux pas de ce cimetière, se trouve un terrain de manœuvres que les troupiers désignent sous le nom de Champ-Gaillan.

C'est là que, matin et soir, il nous fallait instruire les recrues.

Une demi-lieue à peine sépare la caserne d'Equerchin du Champ-Gaillan; néanmoins, cette course, répétée quatre fois chaque jour nous semblait une terrible affaire, et lorsqu'il fallait courir vingt minutes au pas gymnastique, le fusil sur l'épaule et la giberne aux flancs, il nous semblait que la terre allait manquer sous nos pas.

Le poids des armes semblait lourd à nos épaules endolories, et chacun voyait alors combien la vie trop confortable amollit l'homme.

Puis, plus d'un se demandait tout bas avec inquiétude quelle contenance il tiendrait lorsque, chargé du sac complet, du fourniment, des armes, des vivres et des munitions, il lui faudrait faire de longues étapes et des marches forcées, mais néanmoins chaque jour on s'y faisait un peu plus, et avec la volonté on pouvait espérer triompher des obstacles.

Du reste, aucun de ces rappelés n'avait voulu, pour une cause ou pour une autre, se présenter à la commission de réforme. Il eût été cependant facile à quelques-uns d'éluder la loi terrible qui les avait frappés, mais chacun, au contraire, avait tenu à honneur de payer de sa personne une seconde fois.

Enfin, les *Anciens* étaient quelque chose, et les engagés, qui arrivaient tous les jours par files, à la queue leu leu, leur témoignaient une certaine déférence, ce dont parfois l'on était étonné.

Ces engagés arrivaient de tous les pays, mais principalement de Paris, et comme la plupart n'avaient fourni aucun certificat d'identité, rue de Lillé, on n'en demandait plus, — ni justifié de leur moralité, cela avait produit un amalgame des plus extraordinaires.

Des jeunes gens, appartenant aux plus honorables familles, coudoyaient ainsi parfois des échappés de Mazas ou des carrières à plâtre; et ce qu'il nous fallait de fermeté pour mettre un peu d'ordre dans ce fouillis, je ne le saurais dire.

Les combles de la caserne, anciens greniers à fourrage, avaient été transformés en une immense chambrée, dans laquelle tous les nouveaux arrivants étaient parqués ; couchés sur de mauvaises paillasses, ils avaient tout juste, pour se préserver du froid des nuits, une misérable couverture, aussi bon nombre d'entre eux manquaient-ils le soir à l'appel.

Du reste, par dérision, l'on avait nommé ces greniers: *la chambre bleue,* et chaque fois qu'il se présentait un engagé volontaire, le sergent de planton disait ironiquement : Conduisez donc monsieur à la chambre bleue.

Chaque jour, je vous l'ai dit, il arrivait une file d'engagés, et la moyenne de ces arrivées était de soixante à quatre-vingts, en y comprenant les mobiles qui, dégoûtés de leurs officiers, venaient chercher chez nous une véritable discipline.

La plupart de ces engagés, il faut malheureusement le reconnaître, venaient au service, poussés autant par la faim et la misère que par le patriotisme.

A peine dans la caserne, ils demandaient du pain, et de tout leur harnachement, la gamelle était l'objet auquel ils tenaient davantage.

A l'heure de la soupe, ils arrivaient comme des bandes de loups devant les cuisines et se ruaient sur la pâtée, qui ne valait certes pas celle que l'on donne aux chiens de bonne maison; mais cela leur était complétement indifférent.

Ceux qui n'avaient pas encore reçu leur petite gamelle de fer-blanc étaient obligés de manger à six, dans un grand plat en terre. Ils s'installaient dans la cour, au soleil, et mangeaient avidement, sans prendre le temps de respirer. Parfois, l'un d'eux saisissait un bon morceau et l'emportait en courant pour le manger au loin, absolument comme fait un chien d'un os friand.

Enfin, ce spectacle était bien triste. Mais, comme antithèse à ces affamés, nous avions : *les engagés millionnaires*. Non qu'ils possédassent chacun un million, mais du moins n'attendaient-ils pas la gamelle à l'heure réglementaire et pouvaient-ils, au contraire, offrir une entrecôte bordelaise aux vieux sergents chevronnés, mets que ceux-ci appréciaient fort.

Ainsi, Sevaistre, grand propriétaire foncier, avait quitté, pour venir endosser le harnais militaire, ses prés, ses vignes, ses futaies et surtout ses chasses auxquelles il tenait tant.

Mais aussi, pourquoi se mettre en tête d'ajouter à ses quatre-vingt mille livres de rente le sou de poche traditionnel du troupier français ?

Que voulez-vous, l'homme est insatiable. Blay, dit Blay-Blay avait abandonné une fabrique importante.

Mage, notre ami Mage, du plaisir de porter le sac en avait perdu la voix; et que d'autres, que d'autres !

Tous ces *millionnaires* marchaient du reste de bon cœur et très-gaiement.

Dans les promenades militaires, au Champ-Gaillan, ils trottaient menu comme les autres, et le gros Mage, suant et soufflant pour ne point se laisser dépasser par Sevaistre aux longues jambes, faisait des efforts héroïques.

Dans l'espoir d'un prompt départ, chacun mettait à l'exercice une ardeur extrême.

En moins de rien, tout s'enlevait : les charges, les feux; et de jeunes engagés, venus le 25 juillet, en étaient un mois après à l'école de peloton; aussi était-il déjà question d'un détachement pour l'armée de Mac-Mahon, composé de rappelés et de tous les jeunes soldats capables de marcher au feu.

D'ailleurs l'effectif du bataillon s'augmentait journellement, et il devenait indispensable de faire de la place à ceux qui arrivaient encore à chaque instant.

Les jeunes gens de la classe 1870 étaient, en outre, attendus pour la première quinzaine de septembre, aussi importait-il de se hâter. L'effectif qui, le 16 août, par suite du départ d'un détachement de 150 hommes pour le camp de Châlons, se trouvait réduit à 300, était déjà remonté, le 2 septembre, à 900 hommes.

La situation numérique du 17$^e$ était à peu près égale, et, comme chaque dépôt d'infanterie devait se trouver dans les mêmes conditions, nous pensions avec joie que les soldats ne manqueraient pas !

D'ailleurs, un coup décisif allait avoir lieu. Mac-Mahon, remontant vers la frontière, allait donner la main à Bazaine, et Frédéric-Charles serait infailliblement écrasé.

Nous attendions donc, haletants, mais remplis d'espoir, l'issue de la terrible lutte, lorsque le désastre de Sedan nous surprit comme un coup de foudre.

# VI

## UN CONSEIL DE RÉVISION A DOUAI.

Le premier moment fut de la stupeur, l'indignation vint ensuite.

Tout d'abord on s'était refusé à croire à cette capitulation inouïe.

80,000 Français mettant bas les armes, cela semblait inconcevable, mais bientôt les détails arrivant à profusion, il fallut bien se rendre à l'évidence.

Ainsi, les Prussiens étaient encore une fois triomphants ; aucun obstacle n'arrêtait plus leur marche sur Paris, et bientôt ils seraient devant ses murs.

Mac-Mahon blessé grièvement, mort peut-être, Bazaine bloqué dans Metz, ne pouvaient rien pour la capitale. Sans armées, sans généraux, qu'allait devenir la France ?

Voilà, criait-on, voilà le sort qui attend les peuples assez fous pour remettre leurs destinées entre les mains d'un aventurier !

Quel malheur, mon Dieu ! quel malheur ! Et les vieux sergents bonapartistes, eux-mêmes, en pleuraient de rage.

Le Cinq septembre, la fuite de l'impératrice nous était connue, et nous savions, à n'en pas douter, que la République était proclamée.

Alors, il se fit comme un revirement soudain. Après l'abattement, la fureur et les cris inutiles, chacun, envisageant avec sang-froid la situation nouvelle, se reprit plus que jamais à espérer, et mettant en la République une foi aveugle, s'écria que la patrie serait sauvée.

Soit! nous étions battus.

A l'aide de la ruse, de la trahison ou de notre propre ineptie, les Prussiens étaient vainqueurs, mais l'armée impériale anéantie; restait à vaincre la France!

Ce n'étaient plus deux ou trois cent mille soldats, mais un peuple debout, tout entier, pour la défense de son sol, que la Prusse allait désormais trouver sur son passage.

Et il nous semblait que chacun : ouvrier ou paysan, noble ou bourgeois, prenant un fusil et mettant de côté ses rancunes et ses intérêts, allait commencer une guerre d'embuscade, haineuse, acharnée, sans trêve ni merci, jusqu'à ce que le dernier envahisseur fût mort ou mis en fuite.

Il nous semblait aussi que les *crevés* de l'Empire, faisant eux-mêmes un suprême effort, allaient consacrer le reste de leurs forces au service de la patrie, et, pliant sous le faix, venir chercher la réhabilitation du passé sur les champs de bataille.

Il nous semblait enfin que l'amour de la patrie enflammait les âmes, et que chacun, dégagé du souci de telle ou telle dynastie, allait, combattant pour la France, ressusciter la plus glorieuse époque de notre histoire.

Alors, les huit cent mille envahisseurs qui avaient osé violer le sol français y trouveraient un vaste ossuaire, et nos pères de 92, ces illustres va-nu-pieds, en tressailleraient d'aise dans leur tombe!

Pauvres naïfs!

Les vingt années du second Empire, cette lourde réalité, nous paraissaient seulement un mauvais rêve, et nous ne songions pas alors qu'un peuple trop mûr ~~fait comme le fruit sur la branche~~ : il ~~tombe~~ ! Comme si les nations, par un saut de carpe en arrière, remontaient soudain, le cours de leur histoire ?

Comme si les vertus d'un autre âge se pouvaient reconquérir en un jour ?

Comme s'il était tout simple de quitter à l'instant Sybaris pour retourner à Sparte ?

~~Pauvres naïfs ! Mais alors nous espérions l'impossible.~~

Puis nous agitions avec fureur la question de savoir si Napoléon avait lâchement trahi la France à Sedan, ou si, de prime abord, il avait entraîné le pays dans cette guerre, sachant le pousser à sa ruine.

Les avis étaient bien partagés. Si, disaient les uns, il n'eût espéré consolider son trône et fonder sa dynastie, croyez-vous qu'il eût fait cette folie de déclarer la guerre à la Prusse ?

Evidemment, il comptait sur la victoire ; mais d'autres, plus subtils, disaient peut-être le mot de l'énigme.

L'Empereur, malgré les résultats du plébiscite, savait parfaitement à quoi s'en tenir sur l'amour que lui portait la France. Ces millions de *oui* arrachés par crainte du trouble, du désordre et de la guerre, ne lui faisaient pas illusion, et malgré toutes les intrigues électorales, son gouvernement,— il ne l'ignorait point,— n'avait pu réussir à étouffer les *seize cent mille* dissidents.

Evidemment, la France était lasse de lui, et ne le supportait qu'en haine de la révolution.

L'aventurier du 2 décembre, par terreur de cette même révolution, et aussi en haine de la France, avait donc déclaré la guerre.

Peut-être aussi ignorait-il le total des effectifs allemands? S'était-il même, au milieu des plaisirs de sa cour, enquis sérieusement de l'état de nos ressources?

Lebœuf l'avait-il trompé en se trompant lui-même?

Avait-il par hasard espéré que la valeur française suppléerait au nombre et à la stratégie? car il ne pouvait s'être illusionné à ce point sur les Frossard, de Failly et autres.

Ou enfin, pour sortir de cette impasse : la révolution imminente, s'était-il, à tout hasard, et coute que coute, précipité dans cette guerre : seule issue?

Qui le dira?

Notre premier soin, aussitôt la République proclamée à Paris, fut de savoir qui, à Douai, allait faire connaître officiellement ce grave événement, tant aux troupes qu'à la population.

Mais, le sous-préfet ayant donné sa démission le matin même, personne ne bougeait, aussi primes-nous le parti d'acclamer nous-mêmes la République sur la place d'Armes, en revenant du Champ-Gaillan.

Ce fut pour les Douaisiens comme un coup de théâtre.

En entendant nos acclamations enthousiastes, et à l'aspect de nos chassepots brandis en l'air, ils s'arrêtaient indécis par les rues et ne sachant trop, pour la plupart, — à cause de leur opinion bonapartiste, — quelle contenance tenir!

A dire vrai, ils paraissaient consternés; quelques vieux, néanmoins, nous saluaient en criant : Vivent les chasseurs!

A part cette manifestation spontanée, la République ne fut jamais proclamée à Douai. Le lendemain, pour accentuer davantage notre opinion, il fut résolu que chacun, pendant quarante-huit heures, porterait une petite cocarde tricolore.

Cette pseudo-décoration n'était peut-être pas très-militaire; mais nos officiers, en gens d'esprit, fermaient les yeux ou gardaient le silence dans la crainte du nouveau gouvernement.

Comme je remontais la rue de Bélin, ainsi empanaché, je vins à croiser M. le capitaine Cornu.

— Vous avez bien été fourrier autrefois? me dit-il. Puis, sans attendre ma réponse, il ajouta : Je vous emmène à la mairie, où vous aurez l'obligeance de m'aider pour la séance du Conseil de révision.

Je suivis M. le capitaine Cornu, et nous montâmes tous deux dans la grande salle où les jeunes gens de la classe 1870 faisaient leurs préparatifs pour subir l'examen médical.

Ce jour-là passaient les communes de Flines-les-Raches, Equerchin, Pin, Lomain et Douai-Nord.

Les membres de l'assemblée se trouvaient déjà réunis, et le capitaine de gendarmerie se promenait de long en large.

Tout d'abord en m'apercevant, et sans savoir qui j'accompagnais, il vint vers moi, et se croisant les bras :

— Qu'est-ce que cette loque sur votre uniforme? fit-il brutalement.

— Mon capitaine, vous le voyez, une cocarde tricolore.

— Pourquoi avez-vous mis cela?

— C'est un insigne que nous avons résolu de porter aujourd'hui pour fêter la République.

— Vous n'en avez pas le droit; ôtez-moi cela.

— Je vous demande bien pardon, mon capitaine, mais

un gouvernement nouveau n'a jamais, ~~que je sache,~~ refusé d'être acclamé. Or, cette cocarde n'a point d'autre but *[illegible handwritten annotation]*

— ~~Vous êtes un insolent, prenez garde.~~

— ~~Parce que je suis aise de saluer la République?~~

— Ah! votre République! leur République! vous en êtes bien heureux de votre République!

Et secouant la tête d'un air menaçant, il tourna sur ses talons et s'en fut.

Je regardai chacun dans la salle comme pour prendre le Conseil à témoin de ce qui m'arrivait; mais il me fut facile de comprendre que la République, à Douai, était encore une fiction.

Peut-être, après tout, ces conseillers étaient-ils d'honnêtes gens convaincus, et dans l'ignorance de la République, regardaient-ils son avénement comme le triomphe des gredins et de la canaille, puisque, malheureusement, les gredins et la canaille se sont toujours abrités sous le drapeau de la République.

Lorsque le président eut donné le signal, on fit entrer les jeunes gens de Flines-les-Raches, et la révision commença.

Assis à une petite table, je devais noter les noms et prénoms, la taille, l'aptitude et les infirmités de chacun.

Ce n'était guère amusant.

Vous dire ce qu'il défila de pieds-bots, de pieds plats, de gibbosités, de jambes torses ou cagneuses, de psoriasis, de balanites, d'affections dartreuses, d'infirmités enfin, durant les cinq mortelles heures de cette séance, serait impossible!

Bon Dieu, pensais-je à part moi, que notre pauvre humanité, vue ainsi, est laide!

L'attitude de ces jeunes conscrits était, du reste, navrante.

Beaucoup d'entre eux se présentaient à l'examen en titubant d'une façon indigne, et la plupart, loin de dissimuler quelques légères infirmités, comme la myopie ou autres, cherchaient au contraire à les exagérer le plus possible.

De grands et solides gaillards se faisaient réformer pour leurs pieds plats; d'autres, qui eussent assommé un bœuf, se prétendaient faibles de constitution.

Quelques-uns faisaient les sourds, et l'on était obligé d'en appeler au témoignage de leurs voisins et camarades pour les convaincre de leur déloyauté. Quelques autres, passablement naïfs, se hâtaient de déclarer qu'ils ne savaient pas lire, espérant par ce mensonge échapper à la terrible toise.

Enfin, les malheurs de la patrie et l'avénement de la République, loin d'exalter le courage de ces jeunes gens, semblaient au contraire l'avoir réduit à rien.

Du reste, le docteur, venu de Lille pour ce Conseil de révision, était aussi par trop disposé à les écouter, et je ne puis mieux le prouver qu'en donnant ici le chiffre *authentique* des réformés de cette séance.

Sur 172 appelés, 61 jeunes gens de la classe 1870 furent exonérés du service militaire actif, et dans les séances des 8 et 10 septembre, il en fut à peu près de même.

M. le capitaine Cornu, que je regardais de temps à autre comme pour le prendre à témoin de tout cela, levait les épaules en manière de dire : Je n'y peux rien!

Enfin, nous sortimes de là fort écœurés, et ce fut une

première désillusion qui devait être suivie de bien d'autres.

Mais M. Cornu, m'ayant fait l'honneur de m'inviter à dîner, j'eus ce soir-là, comme fiche de consolation, le plaisir d'entendre parler un véritable défenseur de la patrie.

Voici en deux mots l'histoire de M. Cornu, aujourd'hui chef de bataillon.

Berger dans son pays, il était parti pour son sort, comme l'on dit, sachant tout juste lire et écrire, et à force de patience, de courage et de travail, il était arrivé à une instruction non-seulement militaire, mais très-variée et très-étendue.

Simple soldat d'abord, caporal ensuite, sergent, sergent-fourrier, sergent-major, etc., etc., il était alors capitaine, décoré de la Légion d'honneur et criblé d'une infinité de médailles. Chaque grade avait été pour lui non l'objet d'une faveur, mais celui d'un droit péniblement et laborieusement acquis.

En Afrique, en Crimée, en Chine, il s'était battu.

A Sébastopol, percé de *dix-sept* coups de baïonnette, il avait été laissé pour mort, dans les tranchées, durant vingt-quatre heures, et n'avait dû la vie qu'au dévouement de sa compagnie.

Comme souvenir de cette terrible épreuve, il avait gardé sa tunique lacérée et toute raide de sang coagulé. On pouvait la mettre à terre, elle se tenait droite.

Du reste, ses blessures le faisaient parfois cruellement souffrir, à ce point que, bien malgré lui, il avait dû quitter l'armée du Rhin au commencement des opérations.

Néanmoins, une fois encore, il devait être blessé à l'armée de la Loire.

Nos désastres ne l'étonnaient nullement, et il les avait prédits, d'ailleurs, comme tous les militaires compétents.

— Si le Midi ne monte pas à notre secours, et si les populations ne se lèvent pas, disait-il, la France est perdue !

Triste prédiction, trop tôt réalisée !

Mais ces sinistres prévisions ne l'empêchaient pas de souhaiter un prompt départ.

— Tomber dans cette guerre serait une fin digne de ma carrière, disait-il encore. J'appréhenderais seulement une balle dans le ventre, car on souffre trop; mais être frappé partout ailleurs, cela m'est indifférent.

Et il suffisait de voir son œil calme pour comprendre que cet homme ne plaisantait pas.

Tel était le chef du prochain détachement que le 2ᵉ chasseurs à pied devait envoyer devant l'ennemi. Je vous laisse à penser s'il fallait s'écarter du droit chemin.

Mais aussi, quel souci du bien-être de ses soldats ! Pauvres moblos! si vous aviez eu quelques centaines d'officiers de cette trempe, votre sort eût été moins pénible et plus glorieux !

## VII

### UN DÉTACHEMENT DU 2ᵉ CHASSEURS.

Le 9 septembre, comme on craignait déjà les coureurs ennemis, chargés de couper les fils télégraphiques, on nous envoya, au nombre de dix-sept, munis de soixante cartouches chacun, garder la voie ferrée entre Brebières et Vitry.

Les mobiles douaisiens se reliaient à nous d'un côté, et, de l'autre, nous donnions la main à la garnison d'Arras.

Cette petite expédition dura deux jours, et, après avoir couché sous nos tentes-abris, dressées tout proche le railway, nous rentrâmes à Douai, sans avoir aperçu le moindre uhlan et laissant tous les poteaux télégraphiques parfaitement intacts.

Mais cette courte absence nous avait suffi pour apprécier un peu l'esprit des paysans du Nord.

Partis de Douai sans vivres et obligés, durant quarante-huit heures, de manger à la table des habitants de Brebières et de Vitry, nous avions dû causer avec nos hôtes, fermiers aisés pour la plupart.

Eh bien! il faut le dire, ces gens ne regrettaient qu'une chose, ne pleuraient qu'une chose, ne demandaient qu'une chose : l'Empire! Sous l'Empire, ils vendaient leurs blés et leurs grains, ils avaient gagné beaucoup d'argent.

Du reste, l'Empereur avait été trahi, disaient-ils, et tous leurs discours se résumaient ainsi : Oh! les Prussiens ne monteront pas dans le Nord! Le reste semblait les inquiéter fort peu.

Paris pouvait être affamé, pris, réduit en cendres, ils s'en souciaient comme de rien, à condition de toujours vendre leurs bestiaux à la foire d'Arras.

Car, en réalité, ce n'était pas l'Empire pour lui-même qu'ils regrettaient, mais bien la quiétude dont ils jouissaient sous l'Empire.

Quant à l'Empereur personnellement, il n'entrait pour rien dans leurs affections, et un troupeau de vaches, de cochons ou de volailles était à leurs yeux bien autre chose que Napoléon III.

Du reste, ils ignoraient absolument le moindre détail du règne qu'ils venaient de traverser, et la plupart eussent été bien embarrassés de dire comment Louis-Bonaparte était monté sur le trône et ce qu'il avait fait le 2 décembre.

Ils écoutaient nos récits dans une sorte de stupeur, ne pouvant en croire leurs oreilles ; pourtant ils n'essayaient point de se récrier.

— Je ne savions mi tout ça! disaient ils. — Est-ce possible? — Ah! queu malheur! — Qu'est-ce qu'aurait cru ça?

Enfin, que voulez-vous, l'horizon de ces gens avait toujours été borné à leurs étables et à leurs *tecqs* à porcs.

Eh bien! pensions-nous, si tous les paysans français raisonnent de la sorte, nous aurons du mal à sortir de notre bourbier; mais l'Artois et les Flandres ne sont pas tout, et l'on saura bien se passer d'eux.

Hélas ! nous ne connaissions pas encore les paysans de la Beauce.

Le lendemain de notre retour à Douai, on s'occupa de mettre un peu d'ordre dans le bataillon.

L'effectif du dépôt, déjà fort de 1,200 hommes, formait une seule compagnie, impossible à organiser. Les sous-officiers ne connaissaient pas les soldats, et ceux-ci, au contraire, reconnaissant facilement les sous-officiers à leurs galons, s'enfuyaient à toutes jambes à leur aspect, afin d'éviter soit une corvée d'arsenal, soit une garde à monter.

Les uns faisaient des absences de huit et dix jours, sans aucun souci de la discipline ; les autres, — échappés de Mazas ou de la Roquette, — commettaient des vols nombreux, trop souvent impunis : souliers, guêtres, montres, porte-monnaies, gibernes, sacs, sabres, voire même fusils, tout leur était bon, et, malgré les recherches les plus actives, il était impossible de découvrir les coupables.

Bref, aucun contrôle n'était possible. Alors on divisa le bataillon en deux compagnies, chaque compagnie en dix escouades de soixante hommes à peu près, et, à partir de ce moment, l'on put jouir d'un calme et d'un ordre relatifs.

Puis, ce travail terminé, on s'occupa de former avec soin le détachement qui, d'un jour à l'autre, pouvait être mandé par dépêche télégraphique.

Tous les anciens rappelés, au nombre de cent cinquante environ, formèrent le noyau de cette petite troupe, puis successivement on y ajouta cent cinquante jeunes soldats volontaires, capables d'entrer en campagne.

Autant que possible, on éliminait les gens soupçonnés de Mazas; mais, malgré toute la circonspection de M. Cornu, il s'en glissa quelques-uns, dont la singulière façon d'envisager la propriété d'autrui devait nous donner plus tard fort à faire.

Le cadre de ces 300 hommes était ainsi composé :

M. Cornu, capitaine ;

M. Truchy, lieutenant ;

M. Huguel, sous-lieutenant ;

Harinthe, sergent-major, et Guéroult, fourrier.

Quant aux sergents et caporaux, ils se nommaient : Pizelle, Ribaillier, Jambon, Bricka, Gaubert, Saumon, Fourier, Bonaventure, Duhem, etc., etc.

Les clairons : Coco, Zimmermann, Ferret, dit Vingt-Sept, etc.

Des types que ces clairons, des types à la Daumier, effrayants pour le bourgeois, mais bien drôles aux yeux d'un chef de corps.

Ne calculant pas plus la portée d'un verre de vin que celle de leur carabine, ils étaient braves au feu, mais terribles au comptoir, de rudes troupiers enfin.

Pour l'effectif de la troupe proprement dite : des vieux chinois, des engagés *millionnaires*, des admissibles à Saint-Cyr, de tout enfin, mais chacun content et heureux de partir.

Nous comptions encore à notre effectif deux guerriers à quatre pattes, dont le nom, par exemple, ne se trouvait inscrit nulle part sur le carnet de campagne : Ernest et Papillon.

Ces guerriers étaient deux chiens, si vous tenez à le savoir. L'un, *Ernest*, boule-dogue noir, était la propriété de M. Truchy, et l'autre, *Papillon*, tout petit caniche blanc, appartenait à M. Huguel.

Mais il ne faudrait pas croire que ces deux chiens fussent des chiens comme les autres, oui-dà !

Ainsi Ernest savait parfaitement son grade et toutes les attributions à lui dues. Il faisait même la discipline aux lieu et place de son maître. Le maître criait, le chien mordait.

Jamais le maître n'eût infligé une punition à quiconque, mais il faisait un signe, et le délinquant était aussitôt happé au passage.

Ernest arrêtait les insoumis, les incarcérait et parfois leur enlevait quelques bribes de pantalon. Elevé au clairon, il connaissait toutes les sonneries, suivait les exercices d'un air maussade et renfrogné, comme un major allemand, et malheur à la recrue assez imprudente pour s'écarter de l'alignement !

Dans les conversions de pied ferme ou à pivot fixe, il était féroce; mais à l'école de tirailleurs, il devenait positivement dangereux. S'élançant à fond de train sur les retardataires, il prétendait ainsi leur donner du jarret. Ceux qui ne pouvaient gravir au pas gymnastique les pentes du Champ Gaillan étaient bien certains de leur affaire : ils faisaient connaissance avec ses crocs aigus.

Il nous estimait néanmoins. Quant aux moblos, il avait pour eux le plus profond mépris et leur livrait quotidiennement de véritables batailles, à ce point que son maître fut obligé un jour — quelle honte ! — de le museler.

Eh bien ! ce féroce animal, notre ami après tout, devait être, le jour de la bataille, un sujet de profond étonnement pour nous.

Loin de s'élancer et de courir comme un fou sur les bottes prussiennes, il se tint, toute la journée du 9 novembre, la tête basse et très-inquiet, aux côtés de son maître, si ce n'est derrière lui. Peut-être, après tout, sa philosophie de chien lui avait-elle démontré que ses crocs n'étaient point de force à lutter contre les obus ?

Papillon, quant à lui, ne ressemblait pas plus à Ernest de physionomie que d'allures et de caractère.

Tout frisé comme un mouton, il était aussi doux que l'autre était querelleur.

En route, il nous suivait de toute la vigueur de ses petites pattes, secouant parfois ses longues oreilles trempées et nous regardant d'un air si piteux, si piteux, quand l'étape se faisait trop longue, que chacun l'encourageait alors de son mieux.

Parfois on le portait un peu, mais le brave petit animal, tant fût-il harassé, trempé, crotté, arrivait toujours au bout de l'étape.

Puis, dans les haltes, quand sifflait l'âpre bise de novembre, il se couchait entre deux sillons, nous regardant d'un air malin, comme pour nous dire : Vous êtes trop gros, vous autres, et n'en pouvez faire autant, et c'était à notre tour d'envier le sort du chien.

Enfin, que voulez-vous? ces deux pauvres bêtes étaient nos amis, nos compagnons. Ils souffraient de nos souffrances, mangeaient quand nous mangions, recevaient comme nous la pluie, le vent, la grêle et la neige, et se réjouissaient comme nous d'un pâle rayon de soleil.

Or ceci peut vous sembler puéril, mais leur souvenir m'attendrit encore.

Si leurs maîtres, comme tant d'autres, se fussent pavanés dans les cafés et les restaurants, loin de leurs troupes, nous les eussions vus moins souvent; mais, ne se quittant pas les uns et les autres, ils faisaient leur devoir de chiens, comme les maîtres leur devoir d'officiers.

## VIII

### EN ROUTE POUR L'ARMÉE DE LA LOIRE.

Depuis leur arrivée, les anciens soldats, furieux de cette existence de caserne, ne discontinuaient pas d'adresser pétitions sur pétitions au gouvernement de la Défense nationale. Tantôt s'adressant aux délégués de Tours, tantôt écrivant au général commandant à Lille, ils demandaient instamment à marcher à l'ennemi.

Un jour, prêts à entrer dans les corps en formation, ils s'offraient le lendemain à partir en francs-tireurs, sous les ordres d'un officier habile et intrépide, afin d'arrêter la marche des éclaireurs prussiens. Rien enfin ne les rebutait; mais, les événements se précipitant, il importait de se hâter.

Déjà Paris, étroitement investi, se trouvait séparé de la province par tout un cercle de fer, et les armées allemandes, libres de leurs mouvements, commençaient à rayonner de toutes parts autour de la capitale sans aucun obstacle.

Cette idée nous écœurait.

Mais que fait-on de nous ici? disions-nous à tout instant. Pourquoi garder dans les dépôts des centaines d'anciens soldats, sans compter les autres, lorsqu'un petit nombre suffirait à mettre tous les uhlans en fuite?

Penser que cinq cavaliers se rendaient maîtres d'un village et parfois d'une ville considérable excitait notre fureur et notre indignation.

L'effervescence allait tous les jours croissant avec le nombre des arrivants, aussi déjà quelques enragés criaient-ils, le soir, par les rues de la ville, sur l'air des *Lampions* : Des cartouches ! Des cartouches ! A Paris ! A Paris ! Néanmoins la masse se tenait tranquille, dans l'attente d'un prochain départ, lorsque, le 24 septembre, la circulaire de Jules Favre provoqua une explosion générale.

Dans l'ignorance la plus complète des événements où nous étions depuis une huitaine, cette circulaire nous apprenait et les tentatives de conciliation et les prétentions insolentes de la Prusse.

En lisant la dépêche, on trépignait au fur et à mesure de colère et d'impatience ; mais, quand vint ce passage où il était dit que, comme compensation d'un armistice, M. de Bismark exigeait le Mont-Valérien, alors notre fureur se changea en hilarité.

Ces conditions étaient tellement exorbitantes qu'il devenait impossible de les prendre au sérieux.

Pourquoi, disions-nous, ce von Bismark n'a-t-il pas demandé tout de suite Paris, Lyon, Bordeaux et Marseille ?

Ces Allemands sont décidément bien lourds, même dans leurs plaisanteries, et l'on riait ! et l'on riait !

Hélas ! que cette époque est loin de nous !

Malgré notre bonne humeur, l'essentiel ne fut pas oublié, et, à sept heures précises du soir, au moment de la retraite, douze cents hommes quittaient le quartier d'Equerchin, dans l'ordre le plus parfait, en chantant la *Marseillaise*.

Après avoir parcouru presque toutes les rues de la ville, la manifestation s'arrêta devant l'Etat-major de la place. Là, un chasseur du 17ᵉ, Jules Renard, se hissant sur les épaules de ses camarades, improvisa une petite harangue patriotique, dans laquelle il parlait de nos pères de 92 et demandait instamment à ce que l'on nous mît bientôt à même de suivre leur exemple, parce que le temps était enfin venu ou jamais, disait-il, de mettre nos chants en action et que nous devions entrer dans la carrière illustrée par nos aînés, afin d'y chercher la trace de leurs vertus.

A ce discours, le commandant de place répondit en nous engageant à la patience.

« Les armées se formaient de toutes parts, affirmait-il, et bientôt nous serions appelés à la défense de la patrie. Mais, pour éviter le trouble et le désordre, il était bon de s'abstenir désormais de toute manifestation. Vive la République! cria-t-il, vive la France! » Puis, cela dit, chacun rentra chez soi, à la grande satisfaction des Douaisiens qui, dans la crainte du tumulte, avaient fermé leurs boutiques.

Le lendemain, un ordre venu de Lille nous enjoignait, sous peine des punitions les plus sévères, de nous abstenir dorénavant de la moindre démonstration; mais, à vingt-quatre heures de distance, l'ordre de départ arrivait.

Notre manifestation avait-elle porté coup? Coïncidait-elle tout simplement avec le besoin d'un détachement à l'armée de la Loire? C'est ce que je ne saurais dire, mais le fait est que notre départ vint fort à propos.

Le 26 septembre, à deux heures de l'après-midi, les deux mille quatre cents chasseurs qui remplissaient de leurs cris la caserne d'Equerchin étaient tous au courant de la bonne nouvelle.

Vous dire quelle agitation régna parmi tout ce monde, depuis cet instant jusqu'à celui du départ, serait impossible.

On allait, on venait, on se bousculait. Pour apprendre cet événement à d'autres — qui le savaient déjà, — les plus pressés gravissaient les escaliers en sautant quatre marches à la fois; d'autres se laissaient dégringoler d'un étage entier, au risque de se rompre les reins; d'autres encore, dans la joie du départ, couraient sans but en agitant les bras, comme des fous.

Puis les partants bouclaient leurs sacs, préparaient les bidons, le campement, les tentes-abris, les gamelles, fourbissaient les chassepots, enroulaient autour de leur corps des ceintures de flanelle : tout le monde s'organisait enfin.

Chacun achetait des provisions d'extra pour la route : des jambonneaux, du lard salé, des saucissons, etc., etc. On courait par la ville faire ses derniers adieux.

— Vous partez?
— Oui.
— Ah! vous êtes bien content, allons, tant mieux.
Et plus loin :
— Vous nous enverrez des oreilles de Prussien?
— N'ayez crainte, je les rapporterai moi-même.
Puis dans la caserne :
— Tu pars, toi?
— Oui, et toi?
— Moi, je reste pour le prochain détachement. Veux-tu changer de tour!
— Jamais de la vie!
— Je te paye un quart?
— Payes-en deux, mais je pars tout de même.

Personne, à aucun prix, je crois, n'aurait voulu céder sa place.

Le caporal Porion, — fils de M. Porion, commandant le Mont-Valérien durant le siége de Paris, — allait de l'un à l'autre, offrant cinquante francs à qui voulait permuter avec lui; mais lequel d'entre nous eût consenti à rester au dépôt?

Cependant les communications étaient déjà coupées pour un grand nombre, et quand on n'a pas un maravédis dans sa poche, cinquante francs sont quelque chose, mais le petit Porion eut beau faire, Broner lui-même ne voulut pas céder.

Pauvre garçon! Nommé lieutenant après les terribles batailles de Pont-Noyelles, Bapaume, et Saint-Quentin, dont il était sorti sain et sauf, il revint à Douai mourir de la variole!

Enfin, que vous dirai-je? Le 27 septembre, à neuf heures du matin, les trois cents hommes du 2ᵉ chasseurs, et les trois cents autres du 17ᵉ, en tenue de campagne, le pantalon dans la guêtre, le manteau roulé dans la tente-abri sur le sac, munis de vivres, de munitions — 90 cartouches par homme — et d'ustensiles de campagne, attendaient, la carabine au pied et formés en colonne par escouades, que le chef du détachement donnât le signal du départ.

Au milieu du brouhaha, M. Cornu, de la pointe de son épée, fit un signe, et les clairons sonnèrent le refrain des chasseurs; puis, de sa voix grêle et cassante, quand le silence se fut fait :

« Bataillon, l'arme sur l'épaule droite! cria-t-il. Bataillon, par le flanc droit et par file à gauche, en avant, marche! »

Les clairons reprirent leur sonnerie, le poste de police présenta les armes; nous étions en route pour l'armée de la Loire!

Combien, parmi ces six cents hommes, ne devaient jamais revoir la caserne d'Equerchin!... Mais l'on songeait bien à cela! il faisait un soleil splendide, et chacun, malgré la charge écrasante, ne songeait qu'à rire et à chanter.

A la gare, il fallut se faire les derniers adieux. Tous les camarades étaient venus nous accompagner, et, pour la plupart, ils enviaient notre sort. Quelques-uns, néanmoins, plus adroits, plus *malins*, — comme l'on disait sous l'Empire, — mais très-égoïstes, pour ne rien dire de plus, restaient à Douai et devaient y demeurer prudemment jusqu'à la fin de la guerre.

Ceux-là avaient deviné que le plus court chemin du sac à l'épaulette serait celui de la caserne d'Equerchin au Champ Gaillan, aussi n'en devaient-ils jamais entreprendre un autre.

Grand bien leur fasse! puissent seulement les effets de la réorganisation de l'armée les atteindre dans leur dignité de fer-blanc et le sabre de leur pères.

A chacun selon ses œuvres, cela est trop juste. Quelle récompense donnerait-on alors aux Cornu et aux Huguel?

## IX

QUARANTE HEURES DE CHEMIN DE FER.

Midi tintait comme le mécanicien faisait le signal du départ. Bientôt, le train glissa sur les rails, nous étions partis. Quelle joie !

Les clairons sonnaient leurs plus brillantes fanfares, chacun chantait son refrain, sans nul souci de celui du voisin ; quelques-uns, dans l'excès du contentement, grimpaient sur le toit des waggons enguirlandés de feuillage, saluant la population par des acclamations enthousiastes et brandissant leurs chassepots, puis de loin, les camarades, debout sur les quais de la gare, nous envoyaient un dernier adieu.

— Au revoir, et bonne chance.

— Merci, vous pareillement.

— Si vous voyez les Prussiens avant nous, présentez-leur nos compliments.

— On n'y manquera pas.

Et de rire.

Puis les employés nous serraient la main — surtout ne les laissez pas venir ! — les bonnes vieilles agitaient leurs mouchoirs en pleurant, mais bientôt l'on s'enfonça sous les voûtes des fortifications, l'on franchit les fossés, et en quelques instants, tout cela eut disparu à nos regards.

Nous étions en rase campagne, et le train filait à toute vapeur. Alors on s'organisa un peu.

Comme nous devions garder jusqu'à Tours nos voitures et même notre locomotive, chacun avait tâché de se caser du mieux possible.

Les officiers s'étaient installés dans les compartiments de première, cela va sans dire, les soldats dans les voitures de troisième classe, quelques-uns même de seconde ; quant aux sous-officiers, à force de chercher un bon endroit, ils avaient fini par se trouver, comme la cigogne de la fable, tout heureux d'un wagon de marchandises.

Les banquettes n'étaient point rembourrées, à coup sûr ; mais, avec un peu d'ingéniosité, l'on avait fini par se nicher très-confortablement, faisant des siéges avec les sacs superposés.

De chaque côté du wagon, nous avions entièrement ouvert les coulisses, ce qui nous permettait de respirer à l'aise, et les uns étendus à l'intérieur, les autres assis tranquillement sur le rebord des marche-pieds, les jambes pendantes sur la voie — au risque de tomber — l'on devisait des chances de la guerre, tout en regardant la campagne.

Les plaines défilaient sous nos yeux, interminables, ondulant sous le vent comme des vagues, puis tachetées çà et là, de villages aux murailles de brique : grands cercles rougeâtres dans cette verdure.

Les hameaux du Nord — de vraies villes — s'enfuyaient avec rapidité, comme pressés de se défaire de nous : Brebières, Vitry, Boileux, Achiet-le-Grand, etc., et pour dire le vrai, nous n'en étions pas fâchés.

Quand le train s'arrêta dans Amiens, l'horloge de la gare marquait trois heures.

Déjà l'on faisait irruption de tous côtés lorsque le clairon de garde sonna aux sergents-majors.

— Ne descendez pas, criaient les officiers, que personne ne bouge!

— Tiens, se dit-on, il y a du nouveau.

Les sergent-majors revinrent, nous annonçant que, selon toute probabilité, on allait changer de route.

Les Prussiens ayant occupé Clermont la veille, il fallait les en déloger à tout prix, car de cette ville ils menaçaient la ligne d'Amiens à Rouen, seule voie qui reliât encore le Nord avec le reste de la France.

On allait donc descendre sur la ligne de Paris jusqu'à Breteuil et de là gagner Clermont à pied. Du reste, M. Cornu avait envoyé chercher des ordres près du général, commandant Amiens.

Or il faut le dire, cette annonce imprévue jeta un certain froid sur notre enthousiasme, mais ce fut l'affaire d'un instant.

Après tout, cria-t-on : voir les Prussiens aujourd'hui ou plus tard, ne vaut-il pas mieux faire connaissance avec eux tout de suite?

Et chacun de reconnaître dans le tas son fusil, son sac, sa giberne, et de déchirer un ou deux paquets de cartouches, afin d'être prêts à tout événement.

— Pourvu, disions-nous, que ces gredins ne nous attaquent pas dans nos wagons?

Cette idée nous démontait un peu; car, dans ce cas, nous ne l'ignorions point, une troupe est toujours complétement anéantie.

Mais on combinait d'avance, le cas échant, ce qu'il faudrait faire; l'on sauterait rapidement sur la voie et les voitures serviraient de barricades, puis on se distribuait les postes de combat.

— Tu te mettras ici et moi là.

— Toi tu chargeras, et moi je viserai.

L'on était donc dans ces excellentes dispositions quand l'estafette revint de la division.

Le général faisait répondre que dans la crainte d'un retard de notre train, il ne nous avait point attendus et avait déjà fait partir deux mille mobiles de la Somme, dans la direction de Clermont.

Le détachement des $2^e$ et $17^e$ chasseurs était donc libre de continuer sa route sur Tours.

La consigne levée, on se répandit à droite et à gauche dans les cafés et les bouchons avoisinant la gare, et jamais, je crois, bocks et cannettes ne furent vidés de meilleur cœur. Certes, l'on eût marché bravement, mais les risques d'une surprise en chemin de fer ne nous souriaient pas, d'autant plus que les Prussiens, munis de canons, eussent facilement, en se tenant hors de portée de nos chassepots, démoli tout le convoi.

La partie n'était donc pas égale. Mais l'on en fut quitte pour une alerte, qui, en raison de l'éloignement, prit pour nos camarades de Douai, des proportions formidables.

Le soir même, le bruit courait au quartier d'Equerchin que notre détachement avait été surpris et massacré, et, pour démontrer la fausseté de cette nouvelle, il ne fallut rien moins que la réception de nos lettres datées de Tours.

Vers quatre heures, le train se remettait en marche, et une heure plus tard, après avoir traversé les dernières plaines de la Picardie, entrait dans le pays normand.

Chacun avait déballé ses provisions et l'on faisait, tout joyeux, le premier repas de la campagne. C'était un échange incessant de vivres, de boissons et de bons procédés.

L'un, possesseur d'une gourde de café aromatisé, la passait à un camarade contre une bouteille de bon vin ; une tranche de jambon par ici valait par là une cuisse de poulet, et telle victuaille fortement cotée dans un wagon n'avait pas cours dans un autre.

Enfin ! disions-nous, si nous mourons, ce ne sera toujours pas de faim !

Puis, au milieu de ces paysages souriants, le but de notre voyage s'oubliait peu à peu et, dans ce calme et cette quiétude, la guerre finissait par nous sembler un mauvais rêve.

Qui aurait cru entendre le canon tonner au loin et voir des provinces entières dans la désolation, à l'aspect de ces gras pâturages où broutaient les paisibles génisses, la clochette au cou et levant seulement un peu la tête d'un air étonné, quand nous passions devant elles, sonnant des fanfares ou entrechoquant nos bouteilles ?

Les villages succédaient aux hameaux et les bourgs aux villages, perchés sur la cime des coteaux ou cachés dans des replis de terrain ; enlacés de haies vives qui leur faisaient comme des remparts de verdure, ou bordés de pommiers, pliant sous le poids de la récolte.

Le soleil couchant illuminait de ses derniers reflets les toits de chaume d'où s'échappait un mince filet de fumée grisâtre, montant lentement dans le ciel bleu, et tandis que les vieilles sur le pas des portes, agitaient leurs quenouilles en signe de bon voyage, les paysans revenant du travail, suivis de leurs troupeaux, s'arrêtaient pour se découvrir gravement devant nous.

Hélas! que ces temps sont loin, et combien ces paisibles impressions devaient être vite effacées !

A dix heures le train entrait en gare à Rouen dans un endroit que l'on nomme : la rue Verte. Mais nous ne devions pas descendre là, et, après bien des pourparlers entre les employés, le mécanicien et nos chefs, le train repartit lentement pour l'autre extrémité de la ville, si lentement qu'il fallut — ceci peut sembler extraordinaire — une heure entière pour traverser Martinville, le tunnel de Bon Secours, la Seine, l'île du Bock, et après la bifurcation de Sotteville, débarquer à St-Sever.

Mais, dans la crainte des accidents, l'on prenait des précautions inouïes, et depuis Amiens, l'on s'arrêtait même à chaque station, afin de laisser passer les Express, les trains omnibus ou les nombreux convois chargés de munitions, filant sur la Loire.

A St-Sever, chacun descendit. Quant à nous, après avoir fait la solde — un véritable cauchemar en raison du manque de monnaie ! — et soupé à la grâce de Dieu, d'un simple fromage de Gruyère vendu un prix fou, par un estimable gargotier du faubourg, l'on se mit en quête de la paille.

Ce fut difficile à trouver, car ces St-Severins, retranchés derrière leurs portes closes, faisaient la sourde oreille. L'un d'entre eux se décida pourtant, et, à raison de *soixante quinze centimes* la botte, nous céda autant de paille qu'il nous en fallut.

Je vous donne à ce prix-là, fit-il, parce que c'est vous. Brave cœur !

Mais nous n'étions pas au bout de nos étonnements

et les aubergistes patriotes nous en réservaient de bien autrement salées.

Munis de notre paille, nous revînmes à la gare, et en quelques minutes notre wagon — désormais préférable à tous les autres — se trouvait transformé en une chambre à coucher très-confortable.

Vers minuit et demi environ, le train se remettait en marche, et nous, la tête appuyée sur le sac, les pieds contre la paroi du wagon, enfouis dans la paille sèche, et bien abrités contre le froid de la nuit, nous ne tardions pas à tomber dans un profond sommeil.

Il faisait grand jour lorsque le train s'arrêta de nouveau.

Oissel, Elbœuf, Serquigny, Bernay dépassés, nous étions à Lisieux.

Des faubourgs de la ville on voyait accourir de braves gens, le panier sous le bras, armés qui d'un pain, qui d'un tranche de jambon, qui d'un pot de cidre, ceux-ci apportaient des fruits, ceux-là du café au lait, chacun enfin nous donnait quelque chose avec de bonnes paroles.

Jamais quart d'heure d'arrêt ne fut mieux employé, je vous l'affirme; aussi, quand le train se remit en marche, les clairons sonnaient-ils de nouvelles fanfares en l'honneur des Lexoviens et les chasseurs agitant leurs képis ne cessaient-ils de crier : Vive Lisieux! vive la ville de Lisieux!

Cette hospitalité nous toucha d'autant plus vivement que jusqu'alors, il faut le dire, l'on ne nous avait pas habitués à semblables attentions. Mais, à compter de cet instant, il en fut de même durant toute la route.

A la moindre station, si petite fût-elle, l'on nous apportait : pain, vin, cidre et fruits, à Mezidon, à Seez, Falaise, Argentan, Alençon, partout enfin.

Dans les grandes villes, au contraire, nul accueil. Les restaurateurs et les aubergistes rapaces, faisaient payer triple le repas le plus modeste et le plus frugal.

Amiens, Rouen et Le Mans nous ont laissé des souvenirs vraiment pénibles.

Ce jour-là, comme la veille, on s'arrêtait à chaque station pour laisser passer les trains civils ; aussi les chasseurs, libres quelques minutes, s'éparpillaient-ils de tous côtés dans les villages, et loin de revenir au plus tôt, ils attendaient la sonnerie réitérée des clairons. Parfois même, comme l'on avait abusé de ces sonneries, ils ne s'en inquiétaient plus et nous étions obligés de courir chez l'habitant afin de ramener par le bras tous les retardataires.

Quelques-uns même, arrivant trop tard, restaient là en nous voyant défiler.

Comme notre effectif se trouvait par ce fait déjà réduit d'une quinzaine d'hommes, sans compter deux malheureux qui, perchés sur le toit d'un wagon, s'étaient, à l'entrée d'un tunnel, laissés choir sur la voie si maladroitement que longtemps on les crut morts, le capitaine Cornu entra dans une grande colère, et, réunissant sur les quais à Alençon tout ce qui était pourvu d'un grade quelconque, il nous fit un petit discours, d'une saveur toute militaire, dans lequel il nous déclarait responsables des faits d'insubordination, commis ou à commettre.

« C'est miracle, dit-il, de n'avoir pas eu plus d'accidents.

Les hommes en effet, à chaque station, malgré notre surveillance, traversaient la voie sans nul souci des trains lancés en sens inverse, et qui parfois filaient à toute vapeur, ou bien, courant autour des voitures, ils se bousculaient entre les chaînes et les tampons; en marche, ils se balançaient d'un wagon à l'autre, exécutant le trapèze et le saut périlleux, faisant enfin tout ce qu'il faut pour se rompre les os. Mais, rendons justice à chacun; sans les précautions inouïes et la prudence extrême des aiguilleurs, du mécanicien, du conducteur et de tous les employés en un mot, ce trajet de Douai à Tours ne nous eût pas coûté moins d'une vingtaine d'hommes écrasés.

«C'est miracle, fit donc le capitaine Cornu, de n'avoir pas eu plus d'accidents, mais je vous préviens que désormais je veux voir un factionnaire à toutes les issues des stations.

« Prenez exactement le nom des traînards et des maraudeurs et faites-le moi connaître, je me charge de leur décompte.

« Puis aussi, c'est aux braves gens à faire justice de quelques mauvais drôles. Cassez-leur une patte au besoin et s'ils viennent se plaindre à moi, je leur dirai qu'ils sont venus au monde comme ça! il faut purger le bataillon de cette vermine!

«Je ne veux pas non plus, quand nous arriverons au bivouac, voir ces pillards, aussitôt les faisceaux formés, courir dans les villages voisins. C'est à vous sous-officiers de veiller à cela et d'empêcher qu'ils ne f...... le camp!

«Il ne faut pas qu'en cas d'attaque les bons se fassent

casser la g.... pour les mauvais, allez, je compte sur vous. »

On se le tint pour dit, et le reste du voyage s'effectua à peu près sans encombre.

A minuit le train sortait de la gare du Mans, et à quatre heures du matin, le 29 septembre, nous arrivions à Tours.

## X

LE CAMP DUMORIÉ A TOURS.

Il faisait encore nuit serrée quand le train s'arrêta dans la gare, aussi ne fut-ce point une petite affaire de reconnaître ses bagages, en tout semblables à ceux du voisin.

Rien, en effet, ne ressemble à un fusil comme un autre fusil ou un sac à un autre sac, et il faut une longue expérience de son fourniment pour le reconnaître sans examiner les numéros.

Cela peut sembler un détail insignifiant, mais à tort. En outre de leur admirable discipline, de leur puissante artillerie et de leur incomparable stratégie, c'est par une foule de détails, insignifiants en apparence, que les Allemands nous ont battus.

Un détachement prussien fût descendu de wagon tout armé et équipé, se fût silencieusement formé en bataille sur le quai de l'embarcadère, et eût répondu à l'appel en moins de vingt minutes, tandis qu'il nous fallut plus d'une heure.

L'un criait : Tu m'as pris mon fusil! L'autre : Je ne trouve plus mon sac! Celui-ci : On m'a volé ma giberne; cet autre : J'ai perdu mes bâtons de tente, etc., etc.; enfin c'était un chaos, et tous, s'appelant entre eux pour se réunir, augmentaient encore la confusion.

— Par ici la première escouade!
— Par ici la cinquième!
— Va-t-en, toi, tu n'es pas de la quatrième!

— L'escouade des Chinois à la gauche! criait Saumon de sa voix éclatante.

Pour tout dire, ce ralliement occasionnait un tumulte effroyable, et je suis certain que l'on devait, dans le silence de la nuit, nous entendre à près de deux lieues.

Certes, l'inconvénient était bien mince alors; mais on ne réforme pas tout d'un coup les mœurs d'une armée, et aussi bruyants nous étions à ce moment, aussi bruyants nous devions nous trouver devant l'ennemi, quand il eût fallu un silence complet.

Puis l'on avait été contraint, à cause de l'effectif des deux compagnies, fortes chacune de trois cent vingt hommes, compris les cadres, de former des subdivisions de quatre-vingts hommes, ce qui est trop pour un sergent, et des escouades de quarante, ce qui est encore bien davantage pour un caporal.

Ni les sergents, ni les caporaux ne connaissaient, sauf trois ou quatre, leurs subordonnés, en sorte, que malgré tout leur zèle, ils ne pouvaient dire ceux qui manquaient. Et quand on pense que dans chaque bataillon ou régiment de marche, il en était ainsi; il faut encore trouver étonnants les quelques résultats obtenus.

Les officiers, avant le départ, nous avaient bien affirmé que le nouveau bataillon, une fois organisé, chaque compagnie en formerait deux, mais nous devions attendre encore longtemps cet heureux événement, et jusqu'au 5 novembre, Dieu sait si nous avons trimé!

Quand le détachement fut enfin prêt, l'on sortit de la gare un par un — afin de se laisser compter au guichet comme les moutons — et l'on fut sous les allées former les faisceaux.

Là, M. Cornu nous fit encore un petit discours pour

nous exhorter au soin de nos armes et au respect de nos officiers; puis, en attendant le jour, chacun s'étendit de tout son long sur le sable des allées et s'endormit un peu.

Vers sept heures, M. Huguel, envoyé aux ordres, revint avec la désignation exacte du terrain que nous devions occuper. L'on remit donc sac au dos, et l'on descendit l'avenue de Grammont jusqu'à moitié chemin de la ville et du Cher.

C'était en cet endroit, à cinq cents mètres sur la droite en venant de Tours, dans un champ de luzerne, à demi ravagé, en contrebas de l'avenue, que nous devions établir notre camp.

Quittant la grande route, l'on descendit à droite le petit chemin qui passe devant la scierie et le restaurant : *Ma campagne*, puis une fois sur le terrain, comme nous étions en marche par le flanc, M. Cornu commanda — ce qui était tout naturel — afin de délimiter l'espace entre chaque rangée de tentes : par peloton en ligne, marche !

Eh bien, il faut l'avouer, ce fut une étrange confusion.

Les cent cinquante jeunes soldats, mêlés aux cent cinquante anciens, s'arrêtaient ébahis comme si on leur eût parlé hébreu, et il fallut les prendre par le bras pour les amener en ligne.

Ce n'est pas qu'ils ne fussent pleins de bonne volonté, mais ils ne pouvaient deviner ce que jamais on ne leur avait montré.

Or, ceci nous inquiéta un peu, car nous étions maintenant à même de rencontrer l'ennemi d'un jour à l'autre; et il faut noter que ces jeunes soldats, tous volontaires, étaient à coup sûr les plus exercés, sinon même les plus intelligents des quatorze cents du dépôt.

Que dire alors des onze cents laissés à Douai, quand, sur cette quantité, huit cents au moins ne savaient pas même ajuster la baïonnette au bout du canon ?

Cependant, par la suite, on devait voir pis que cela, et chose inouïe! des jeunes gens, arrivés au corps depuis deux et trois jours, devaient être envoyés aux armées en campagne sans avoir même manié leur fusil. Cela est de l'histoire.

Comment s'étonner après cela de nos défaites, quand on songe que ces conscrits avaient toujours devant eux les vieux régiments prussiens et saxons, aguerris et manœuvrant comme un seul homme ?

Fort heureusement, nous devions, quant à nous, faire l'exercice encore plus d'une fois avant de marcher au canon, et nos jeunes soldats devaient tout au moins apprendre complétement l'art de se faire tuer par principes.

Quand les escouades furent alignées, M. Cornu fit dresser les tentes-abris face à l'avenue, puis on organisa tout de suite la garde de police et les cuisines. Les escouades furent divisées en deux, et chaque demi-escouade élut un cuisinier.

Ces élections, sachez-le, ne donnèrent lieu à aucun trouble, et plût à Dieu que toutes se fussent passées en France de la même façon !

Si les puissants de ce monde ne s'étaient jamais plus cramponnés à leur pouvoir que les soldats aux fonctions de cuisinier en pied, les révolutions, j'imagine, eussent été de beaucoup plus rares.

Mais aussi que voulez-vous, la solde n'est pas la même !

Bref, ces élus du pot au feu, à peine débarrassés de la

carabine, se mirent en devoir de creuser des fourneaux, de les consolider avec des briques et d'allumer du feu pour faire bouillir la marmite, tandis que leurs aides couraient chercher de l'eau et du bois, et que les hommes de corvée, réunis sous la coupe du ventru Gaubert, se dirigeaient vers la ville pour y chercher des vivres.

Chaque escouade, tenant à honneur de distinguer son restaurant de celui des autres, avait planté devant ses foyers un poteau indicateur sur lequel on lisait : *Aux petits frères provençaux*, ou bien : *Gargotte des grincheux*, ou encore : *Cuisine chinoise*.

Cette dernière appellation semblait dérouter beaucoup les curieux, venus en grand nombre, à cause du beau temps.

Ils se promenaient de droite et de gauche, admirant notre industrie et ne prenant point la peine de dissimuler leur étonnement, quand à toute minute, on criait : Deux sacs de pommes de terre pour la cuisine chinoise !

— Où est le cuisinier chinois ?

— A la soupe les Chinois !

— Au café les Chinois !

Quelques-uns plus naïfs nous demandaient d'un air tout penaud, et comme redoutant une mystification, si, par hasard, la Chine avait envoyé des volontaires, alors en riant aux larmes, on leur expliquait comment la huitième escouade, composée en majeure partie de médaillés de Chine, s'était intitulée de son autorité privée : Escouade chinoise.

Mais, si ces gens semblaient étonnés, nous ne l'étions pas moins, nous autres, à l'aspect des nombreux gandins qui, le carreau dans l'œil et la pomme de la canne contre les dents, nous regardaient, avec un sourire bête, vaquer aux soins du ménage.

Après tout, pensions-nous, ces jeunes gens n'ont peut-être pas encore été appelés; ils vont partir bientôt, ils sont sans doute compris dans la catégorie des individus de vingt-cinq à trente-cinq ans, il faut prendre patience.

Néanmoins leur peu d'empressement à se rendre à l'armée nous choquait déjà, et quelques-uns parmi nous, doués d'un naturel gouailleur, leur demandaient carrément au passage.

— Vous êtes marié, monsieur?

— Non, pourquoi?

— Vous avez donc plus de trente-cinq ans?

— Pourquoi pas? J'en ai à peine vingt-huit ou vingt-six, ou trente, suivant l'occurence.

— Vingt-huit ans. Mais alors que faites-vous là? Pourquoi n'êtes-vous pas encore au régiment?

Quelques-uns baissaient le nez, mais la plupart nous répondaient que, n'ayant pas été appelés, ils demeuraient tranquilles chez eux, n'éprouvant nul désir d'aller se faire casser les reins pour la patrie!

— Vous êtes soldats, vous autres, c'est votre métier, et ils s'éloignaient en sifflotant.

Je n'ai pas besoin de vous dire si on les poursuivait alors en termes peu parlementaires.

Mais en ce jour la surprise nous dominait. Plus tard seulement l'indignation devait nous saisir à l'aspect de de cet égoïsme général que nous avions encore la naïveté de prendre pour un cas particulier. Néanmoins, nos illusions à l'égard du patriotisme commençaient à diminuer un peu, ce qui nous rendait tristes.

Quels autres spectacles nous étaient cependant réservés?.....

Le soir, notre camp établi, dressé, organisé et baptisé du nom de l'auberge voisine, l'on s'endormait les uns pour la première fois de leur vie, les autres pour la première fois depuis bien des années, sous les minces toiles qui devaient être désormais notre unique demeure.

Quelques brins de paille, dérobés au campement de l'artillerie, tout proche du nôtre, faisaient le lit, et notre sac représentait l'oreiller.

Jamais, pourtant, sommeil ne fut meilleur.

## XI

### L'ARMÉE DE LA LOIRE AVANT LA LOI MARTIALE.

Le 30 septembre, à trois heures du matin, chacun était debout, non que la diane fût déjà sonnée, mais à cause du froid. En effet, les nuits étaient alors aussi fraîches que les journées chaudes.

La toilette aussitôt terminée, ce qui ne fut pas long — puisque jamais en campagne, soldat ne se déshabille — tous les hommes libres de service, commencèrent à pousser de droite et de gauche quelques reconnaissances, afin de s'assurer des ressources du pays.

Tandis que chacun, suivant ses *principes* et son tempérament, appréciait ainsi la propriété des Tourangeaux, le camp s'augmenta tout à coup d'une nouvelle troupe.

Le 31$^e$ régiment de marche faisait son entrée au carrefour Dumorié, tambours et clairons en tête. Ayant été désigné pour faire brigade avec nous, il venait établir son campement tout proche du nôtre, aussi la connaissance fut-elle bientôt faite.

Ce régiment, comme tous les corps de formation nouvelle, ne comprenait pas moins de six à sept numéros différents dans son effectif.

Les 15$^e$, 97$^e$, 31$^e$, 25$^e$ de ligne et autres avaient contribué chacun pour un chiffre déterminé à l'établir, ce qui rendait, avec des éléments aussi hétérogènes et disparates, la discipline presque impossible pour le moment.

Cela est facile à comprendre.

Les officiers et sous-officiers connaissaient à peine leurs soldats, et ceux-ci ne cherchaient nullement à être reconnus d'eux. Le désordre le plus complet régnait donc dans les rangs, à ce point que depuis Saumur d'où ils arrivaient à pied en trois étapes, ils n'avaient pas laissé moins de deux cent cinquante hommes en route.

Des sergents nous affirmaient que l'indiscipline était poussée si loin que les maraudeurs, malgré les menaces des chefs, ne craignaient pas de s'écarter du rang pour charger leurs armes et tirer sur les moutons, les veaux et les vaches, paissant dans la campagne. Ils ne respectaient rien.

Ce détail, presque incroyable, nous a été répété maintes fois par des sous-officiers du 31e de marche, et, il ne faudrait point croire que ce fût là un fait isolé. Avant la promulgation de la loi martiale, les choses se passaient à peu près de même partout. Il ne fallut rien moins que la sévérité quasi-féroce du général de Paladines pour infuser à ces pillards un peu de sens moral et l'instinct, à défaut du sentiment, de la propriété d'autrui.

Fort heureusement, le 31e avait à sa tête un homme énergique, rude et vaillant troupier, M. de Foulonges, qui n'attendit pas la loi martiale, pour dresser un peu la masse confuse placée sous ses ordres. En peu de temps ce régiment devint un des meilleurs de l'armée de la Loire, et plus tard, à la bataille de Coulmiers, il se comporta d'une façon héroïque.

Or, ce 31e, qui arrivait ainsi, tout poudreux de la poussière des étapes, portait sur son dos de magniques couvertures de laine verte, qui, pour n'être pas réglementaires, ne semblaient pas moins chaudes et excellentes, au contraire. Aussi chacun de nos maraudeurs de faire accueil aux soldats de la ligne, leur indiquant le meilleur endroit pour établir le campement.

— Ici vous trouverez de l'eau pour la soupe, là du bois pour les feux du matin.

— Ah! les belles couvertures vous avez là?

— Comme cela doit bien tenir chaud?

— On les plie en quatre ou en huit?

Alors, les lignards, flattés dans leur amour-propre et leurs couvertures, s'en drapaient pour mieux faire voir, les imprudents! le lustre et la largeur de l'étoffe, et les chasseurs, comme pour se rendre compte, se saisissaient de l'objet convoité et s'en drapaient à leur tour.

— Oui, en effet, c'est superbe! Ah! vous avez de la chance, nous n'en avons pas, nous autres.

Et si d'aventure l'infortuné grand-capote tournait la tête un seul instant, le chasseur s'esquivait au plus vite, muni de son butin, et le tour était joué.

Cette histoire de courte-pointes jeta un certain froid entre les lignards et nous; aussi, changeant vivement la disposition de leurs tentes-abris, se formèrent-ils en un carré des plus méfiants, en sorte qu'il fut impossible à nos chapardeurs de pénétrer jusqu'à eux.

Du reste, si nous avions nos soupçonnés de Mazas, ils avaient les leurs, comme l'on a pu voir. Que de fois, en effet, n'a-t-on pas retrouvé chez eux des manteaux de chasseurs dont le beau drap bleu leur avait réjoui l'œil? échange de bons procédés, voilà tout.

Quant aux couvertures, nous en eûmes de semblables le surlendemain.

Nos officiers, constatant par eux-mêmes le froid des

nuits, nous firent distribuer immédiatement : couvertes de campement et ceintures de flanelle.

Des moblos eussent peut-être attendu quinze jours, mais aussi, leurs officiers, logeant dans des hôtels princiers, ne pouvaient deviner la température des bivouacs. Ces gens, empanachés de galons, avaient bien assez à faire de leur toilette. On ne peut pas être à tout, que diable !

Au surplus, les mobiles s'étant emparés des chefs brillants, il était assez juste de nous laisser les solides.

Nous n'étions pas installés de deux jours que tout à coup survint l'ordre de faire exercice matin et soir.

Cette mesure très-nécessaire, mais nullement du goût de nos conscrits, fit faire à chacun les suppositions les plus folles. L'on courut en ville, on s'informa.

— Allions-nous donc pourrir dans ce bas-fond humide et malsain ?

— Que prétendaient les délégués ?

— Est-ce que par hasard les Prussiens retournaient dans leur pays ?

Alors les versions les plus contradictoires de circuler dans les rangs.

— Nous sommes encore trahis ! disait la masse dont c'était le refrain continuel.

Suivant quelques-uns, le détachement ne donnerait pas, et notre unique mission était de protéger, à Tours même, les délégués du Gouvernement.

Le fait est que l'armée de la Loire se concentrait peu à peu, et nous attendions là tout simplement les détachements des 8e et 19e chasseurs à pied, qui devaient former avec nous un corps de 1,300 hommes, sous le titre de : *Septième bataillon de marche*.

N'importe, l'impatience gagnait la plupart, et quelques-uns parlaient déjà de recommencer les manifestations de Douai, mais le bon sens général prévalut, et l'on se tint tranquille.

Du reste, la vie n'était pas encore bien pénible; si les nuits étaient froides, le soleil encore chaud nous faisait des journées splendides, et une fois libre de service, il était permis à chacun d'aller en ville et d'y rester à son aise.

L'on pouvait même faire quelques excursions dans les campagnes environnantes : à Saint-Avertin, Vouvray, etc., où, il faut le dire, on était mieux accueilli et où parfois les paysans nous faisaient boire de leur meilleur vin, nous encourageant ainsi à la défense de leurs vignes.

Enfin, à la lettre, comme au figuré, nous mangions notre pain blanc le premier.

Le froid devait venir assez tôt, Dieu merci ! et les longues étapes pointaient à l'horizon.

Mais l'homme n'est jamais content de son sort : il nous tardait d'être malheureux, par amour pour la patrie, il est vrai. Hélas, à quoi cela nous a-t-il servi ?

Les troupes commençaient donc à affluer. Elles ne restaient pas à Tours, mais prenaient des routes différentes pour aller occuper des positions qui leur étaient assignées.

Elles couvraient même déjà, disait-on, tout le pays compris entre Bourges et Tours.

En ce moment : les casernes occupées par des lignards et des mobiles, le 43e cantonné à Saint-Avertin et notre camp Dumorié augmentait chaque jour son effectif, pré sentaient un total de sept à huit mille hommes, y compris le train et l'artillerie.

L'armée de la Loire se bornait donc pour nous à ce chiffre. Sans doute les régiments et les batteries galopaient sur les cartes et les routes de France, mais nous ne les voyions pas.

En revanche, les rues de la ville fourmillaient de francs-tireurs, isolés ou en troupe.

On en voyait de gris, de jaunes, de verts, de noirs, de sombres, d'éclatants : francs-tireurs de la mort, francs-tireurs de la vengeance, francs-tireurs de celui-ci, francs-tireurs de celui-là, et ils allaient, venaient, se carrant, gesticulant : nous autres, pauvres petits chasseurs de Vincennes, nous écoutions en silence tout ce fracas, souriant parfois, néanmoins.

Certes, il ne faut être injuste envers personne, les francs-tireurs ont fait du mal à l'ennemi, mais combien ont-ils massacré de volailles françaises qui ne demandaient qu'à vivre ?....

Aujourd'hui, l'on sait à quoi s'en tenir sur tout cela, et il faut avouer que les Prussiens payaient souvent où les francs-tireurs, comment dire cela ?..... subtilisaient.

Faut-il en conclure que tous agissaient de même, non sans doute, nous en avons connu des plus honnêtes et des plus honorables, mais enfin, il faut bien l'avouer, ils étaient généralement pillards.

Et leur discipline ? parlons-en, ou plutôt, n'en parlons pas.

Telle compagnie licenciée aujourd'hui, se reformait demain, ou allait grossir les rangs d'un autre corps. Tel capitaine détenteur des fonds de sa compagnie prenait tout à coup la route d'Antibes ou de Fréjus, tandis que ses hommes l'attendaient dans la forêt de Cercottes, qui devenait ainsi pour eux une forêt de Bondy.

Par contre, un officier, assignant à sa troupe un point de ralliement pour le départ du lendemain, la retrouvait éparse dans les cafés de la ville bien après l'heure prescrite. Souvent même l'insoumission devenait plus grave et allait jusqu'aux menaces et aux voies de fait.

Nous avons vu à Tours, en pleine gare, sur les quais de l'embarcadère, un chef de francs-tireurs, tué à bout portant d'un coup de pistolet par ses soldats. Il les avait volés, disaient-ils! Mais de quel côté les torts? Toujours est-il que l'affaire fut traduite en cour martiale.

Chaque jour, il se reproduisait ainsi parmi eux des faits d'indiscipline déplorables, mais, il faut le dire, tous ces gens n'étaient pas Français, tant s'en faut.

L'on comptait des Américains, des Espagnols, des Belges, des Italiens en grand nombre parmi les francs-tireurs, et cet assemblage de nationalités produisait souvent de fâcheux résultats. C'est surtout à leur arrivée en gare qu'il nous était facile de constater les sentiments d'indiscipline dont ils étaient animés.

Parmi les postes que notre détachement devait fournir, celui du chemin de fer était certes le plus désagréable.

Le devoir fastidieux des hommes de garde, prescrit par l'état-major de la place, consistait en effet, outre les factions réglementaires et traditionnelles, à prendre à chaque train montant ou descendant le numéro du régiment des soldats isolés et à inscrire le lieu d'où ils venaient et celui où ils se rendaient.

Aux sous-officiers incombait la tâche de faire subir ce petit interrogatoire aux officiers, quel que fût leur grade.

Or la moyenne des trains était d'une cinquantain-

par vingt-quatre heures. Chacun était donc, jour et nuit, occupé à courir d'un quai à l'autre, au risque même d'être tamponné entre les wagons.

Eh bien, jamais un officier de l'armée active, fût-il général, ne se permettait la moindre observation à propos de cette petite corvée, il nous plaignait, au contraire; mais s'agissait-il d'un officier de francs-tireurs, ombragé de plumes de coq et armé d'un révolver abracadabrant, ou d'un traîneur de sabre de la mobile, les bras enrubannés d'or et d'argent jusque par-dessus l'épaule : Quoi ? disaient-ils, donner mon nom à un sergent? pourquoi cela? pour qui me prenez-vous? Et il ne fallait rien moins que l'aménité du lieutenant Truchy et l'aspect farouche de son bouledogue pour décider ces rebelles à l'obéisance.

Du reste, les irréguliers ne songeaient point à dissimuler leur manière de voir, et maintes fois des francs-tireurs nous ont déclaré qu'ils ne se soumettraient pas au décret qui les incorporait dans les divisions de l'armée active et subordonnait leurs mouvements aux ordres des généraux.

— Sommes-nous donc des soldats, disaient-ils, pour camper dans la boue, porter le sac et marcher en rase campagne au devant des canons?

Encore malgré cette insubordination, se rendaient-ils utiles ; ne fût-ce qu'à terrifier l'ennemi et à lui démonter ses coureurs ; aussi leur pardonnions-nous, en fin de compte, ces uniformes de rencontre et ces vêtements à la diable.

Mais la vue des fuyards nous écœurait, par exemple.

Ces gens qui, pour échapper à la loi du 10 août, s'étaient d'abord cachés dans les environs de la capitale, refoulés maintenant par les progrès incessants de l'invasion, déguerpissaient de nouveau, filant sur le Midi.

Tous ces jeunes beaux : cols cassés pour la plupart, entraînant leurs cocottes ahuries aux toilettes éclatantes, ne disaient qu'un mot, ne savaient qu'un mot et l'un après l'autre, s'adressant à tout le monde, le répétaient anxieux.

— Le train de Bordeaux, s'il vous plait ?

— A quelle heure le train de Bordeaux ?

Alors parfois, pour augmenter leur frayeur, nous disions : « Le dernier train est parti ; Monsieur, la voie est dorénavant réservée au service militaire à cause de grands mouvements de troupes.

— Mais...., quand le service reprendra-t-il ?

— Ma foi, nous n'en savons rien. L'on dit que cette mesure a aussi pour but d'arrêter les fuyards. Désormais, paraît-il, chacun, pour prendre la route de Bordeaux, devra justifier qu'il n'est pas sous le coup de la loi Kératry, mais cela ne vous regarde pas, monsieur, puisque vous êtes marié.

Et quand l'un et l'autre : cocotte et col cassé, avaient bien pali, verdi, balbutié : Voici le train demandé, patriote, courez à Bordeaux défendre Paris !

Sans en demander davantage, le couple, affolé de terreur, sautait aussitôt dans un compartiment, au hasard, peu soucieux, je vous assure, de continuer la conversation.

Pauvre France ! commencions-nous à dire, pauvre France !

## XII

### UNE RÉUNION ÉLECTORALE A TOURS.

Le 5 octobre, eurent lieu à Tours les premières réunions électorales, afin de procéder à la nomination des députés que la ville, prétendait envoyer à la Constituante.

Le gouvernement de Paris avait donné des ordres à cet égard, mais chacun sait ce qu'il en advint. Ces ordres furent bientôt révoqués, donnés de nouveau, puis finalement annulés, et de longtemps, il ne devait plus être question d'Assemblée nationale.

Quoi qu'il en soit, le 5 octobre, les orateurs faisaient rage dans la petite rue adjacente au boulevard Bérenger, vis-à-vis la gare, et nous y fûmes curieux de savoir ce qui se dirait.

L'esprit de parti, nous ne l'ignorions point, divisait profondément la ville : radicalisme le plus exagéré, ou cléricalisme du bon vieux temps, il n'était point de milieu pour les Tourangeaux.

Aussi, ne fûmes nous point étonnés à l'audition de ces Mirabeau d'Indre-et-Loire, dont les exagérations ne connaissaient point de bornes, et nous : Républicains, en fûmes médiocrement charmés.

Je dis : Républicains, car tous n'étaient pas du même avis, et plus d'un parmi nos compagnons d'armes, dans l'ignorance de la République, résumant en ce mot l'idée d'un bouleversement général, écoutait-il avec plaisir des divagations dont le but ne tendait à rien moins qu'à remplacer la famille par le phalanstère, et dont les subtilités cachaient un communisme effroyable.

Pour un certain nombre de ces compagnons d'armes, doués d'un quart d'instruction, — ce qui est la pire des calamités, — la République n'était point l'idéal des gouvernements, c'est-à-dire : la Souveraineté d'un peuple libre, vaquant librement à ses destinées, mais bien la priorité des classes inférieures, substituée tout à coup à celle des supérieures.

La République enfin n'était nullement à leurs yeux question politique, mais sociale.

Assez longtemps les patrons avaient été maîtres et les ouvriers esclaves, il fallait changer tout cela, comme si dans notre société, profondément démocratique, chacun n'est point le fils de ses œuvres et ne peut aspirer à tout.

Manque-t-il donc de fils de concierges devenus ingénieurs distingués? Et Thiers lui-même n'est-il pas issu d'une famille plébéienne?

Mais quand la mauvaise foi rencontre l'ignorance, elle a beau jeu, et nos pauvres camarades ne voyaient pas combien, sous le prétexte d'association des classes ouvrières — ce qui est une chose juste et digne — ces orateurs excitaient au pillage.

Cela nous peina réellement.

Que deviendraient, une fois la guerre terminée, ces braves soldats, bons et honnêtes ouvriers, s'ils venaient à tomber sous l'influence de gredins sans foi ni loi, ambitieux de dominer à tout prix, fût-ce sur les ruines de la Patrie?

Hélas, peut-être quelques-uns, épargnés par les obus et les boulets prussiens, sont-ils allés, séduits par les décrets de la Commune, périr misérablement sous la mitraille du Mont-Valérien et des batteries de Montretout?

D'aucuns, parmi les orateurs, montaient à la tribune et dans une langue impossible, racontaient leurs chagrins intimes.

Ceux-là faisaient rire simplement.

Enfin l'un d'entre eux, dominant le tumulte, déclara que l'on s'écartait de la question :

— Nous sommes ici, dit-il, pour élire un Comité républicain, lequel à son tour, formé par nous, investi de notre confiance, vous présentera des candidats à la députation, sur le sort desquels vous aurez à vous prononcer. Ne perdons point de temps en questions oiseuses, et, au lieu de discuter la forme de la République ou l'opportunité des décrets de proscription, ce qui est l'œuvre du gouvernement, songons à la patrie envahie et de plus en plus menacée.

« Notre unique devoir est de nommer avant tout des hommes d'action, des députés dont le seul but soit celui-ci : délivrer la patrie ; qu'une seule pensée anime : le salut de le patrie, qu'une seule haine enflamme : la haine de l'étranger Plus tard, quand les Prussiens en fuite auront délivré de leur présence le sol français, maîtres dans nos foyers, nous aviserons alors à fonder la République sur des bases immuables et dans la forme qui conviendra le mieux à la nation tout entière.

« Les Prussiens marchent sur Orléans, il ne faut pas qu'ils entrent dans cette ville, si importante au point de vue stratégique ; dans l'intérêt local même, cela est pour vous affaire des plus sérieuses.

Orléans au pouvoir de l'ennemi, Tours est à découvert; je propose donc d'urgence, la motion suivante : rendons-nous demain en foule au palais des délégués : Crémieux et Fourichon, ces deux vieillards remplis d'une bonne volonté évidente, mais dont la stérilité s'oppose aux décisions viriles et demandons-leur : avez-vous des canons? Avez-vous des fusils ? Où sont vos soldats ? Où est cette armée de la Loire dont on parle tant ? Qui la commande ? Que devient-elle ? Un plan est-il adopté ?

« Si oui, agissez, nous ne vous demandons rien, mais agissez promptement, les événements se précipitent, sinon, qu'attendez-vous? que les Prussiens soient aux portes de Tours ?

« Si l'âge, si les fatigues passées, mettent obstacle à vos efforts, cédez le pouvoir à vos collègues de Paris, mais assez, assez de spectacles qui depuis trop longtemps attristent nos yeux.

« Assez de chefs sans soldats et de soldats sans chefs ! Assez de promenades, aussi coûteuses qu'inutiles ; les régiments passent et repassent, mais rien s'organise. Exigez des comptes de la part des généraux et des intendants, et surtout ne placez pas à la tête de vos armées des hommes connus pour appartenir à la réaction, hostiles à la République, afin que, dans le cas d'une défaite, vous-même ne soyez pas accusés et les soldats ne se croient de nouveau trahis ? Mais par grâce agissez. »

Certes, cet homme parlait avec un jugement sain, et l'on adopta sa motion. Mais ensuite, comme l'on s'occupait d'élire un comité, chacun retomba dans des quesions de mur mitoyen et de rivalités de clocher.

— Oui nous pendrons les nobles !

— Jamais de cet homme là, il va en soirée chez madame une telle !

— Pas de demi-mesures, citoyens !

— Le Radicalisme ou la mort !

Voilà ce qui se disait tout haut dans cette réunion, mais peut-être aussi, tout bas, dans l'ombre de la réaction, chez les cléricaux, était-il question de mettre des bâtons dans les projets de ceux qui osaient prétendre galvaniser la France et y fonder d'une façon définitive la République une et indivisible.

Ah ! l'esprit ou plutôt l'idiotisme des partis, quel mal ne nous a-t-il pas fait ?

— Tu ne veux pas te mettre à genoux devant la sainte Ampoule, toi, et croire au miracle de la Sallette, eh bien, dernier des misérables, tu seras honni et renié par nous jusqu'à la consommation des siècles.

— Ah ! tu refuses de proclamer Marat pour le plus pur et le plus vertueux des hommes et le grand Fourier pour l'apôtre des sociétés nouvelles, eh bien, j'extirperai de ton cœur l'ombre d'une foi quelconque, dussé-je pour cela t'arracher la vie.

— Je te ramènerai à la dîme et à la glèbe, au vasselage et au droit de jambage !

— Et moi je ressusciterai l'avide guillotine de 93 et ferai plus que n'a jamais osé Robespierre lui-même : j'abolirai la famille et la propriété.

— Ton fils sera mon serf, il mangera l'herbe des champs.

— Le tien sera communiste et partageux, il te fera exécuter.

Et s'exaspérant ainsi l'un et l'autre, poussant aux extrêmes, tirant chacun en sens inverse, quand il eût fallu s'atteler de front, les partis paralysant les efforts de la France, faisaient l'ouvrage des Allemands dont notre désunion décuplait les forces.

Et, tandis que de sourdes menaces préludaient à des malheurs bien autrement terribles encore que ceux de la guerre étrangère, l'ennemi, comme un chancre hideux, envahissait, en le rongeant de toutes parts, le sol de la Patrie !

## XIII

### ARRIVÉE DE GAMBETTA.

Le 6 octobre, le gouvernement de Tours, qui avait résolu de correspondre avec Paris, fit faire une expérience sur des ballons destinés au transport des dépêches et correspondances.

Il s'agissait de savoir à quelle distance une balle atteindrait les aérostats tenus captifs au moyen de grosses cordes.

L'on prit donc chez nous quelques-uns des meilleurs tireurs, et toute la journée on les fit viser cette cible d'un nouveau genre. Couchés sur le dos, ils tiraient, le fusil perpendiculairement à l'épaule, ce qui ne laissait pas d'être assez gênant, aussi manquaient-ils souvent le but.

Enfin un chasseur nommé Chéruy atteignit le ballon à 600 mètres. Ce fut la plus haute distance à laquelle il leur fut possible de parvenir.

Ce résultat parut-il concluant, ou au contraire complétement nul? Je l'ignore. Toujours est-il que l'on n'entendit plus parler d'essai sur les ballons.

Le lendemain matin, 7 octobre, M. Galimard, à la tête de 320 hommes du 8ᵉ chasseurs, venus de Toulouse, arrivait au camp Dumorié.

Tandis que ces nouveaux venus, très-jeunes soldats pour la plupart, établissaient leur campement en arrière de celui du 17ᵉ, on boucla les sacs pour une promenade militaire.

A coup sûr, ce n'est pas chose rare qu'une marche militaire, et nous en avions déjà fait de nombreuses; mais celle-ci, dans la pensée de nos officiers, devait, comme un thermomètre, marquer la moyenne de nos forces et de notre vitesse.

L'on partit donc à midi, en suivant l'avenue de Grammont, puis, après avoir traversé la ville dans toute sa longueur, franchi le pont de Tours et gravi la tranchée, on prit sur la droite la route de Vendôme, jusqu'au-dessus de Meslay, où l'on se jeta dans le chemin qui conduit à Vouvray, et l'on suivit enfin la rive droite de la Loire qui, de Vouvray à Tours, rappelle à s'y méprendre la route du bord de l'eau de Martinville à Rouen.

Quatre heures et demie sonnaient à notre retour au camp, après un trajet de sept lieues.

Nous avions donc fait le pas de six kilomètres à l'heure, encore faut-il compter que les pauses fréquentes chez les vignerons hospitaliers avaient occasionné un retard considérable.

— Plus qu'une *verrée*, disaient-ils quand nous voulions faire déguerpir les traînards, plus qu'une verrée!

Or, comment refuser ces verrées patriotiques? On les acceptait donc, tout en perdant du temps. Néanmoins, notre marche avait été rapide, et chacun s'en montrait content; mais elle ne prouvait rien pour l'avenir, car les sacs, presque entièrement vidés pour la circonstance, pesaient moitié moins du poids réglementaire, et l'absence des hommes du 8ᵉ et du 19ᵉ ne permettait pas de préciser l'allure du bataillon une fois complet.

En effet, nous devions en rabattre!.....

Quand nous arrivâmes au camp Dumorié, le ciel,

gris toute la journée, commença à fondre en eau, — un véritable déluge, — aussi chacun se réfugia-t-il promptement sous sa fragile habitation.

A compter de ce jour, du reste, la température, qui jusque-là était restée excellente, changea subitement, et la pluie se mêlant sans interruption à la grêle, transforma bientôt notre camp en un cloaque sans nom.

L'on avait creusé des petites rigoles autour des tentes, mais comme il fallait sans cesse aller et venir, et que nos souliers ramassaient des montagnes de boue, le peu de paille qui nous servait de lit devint bientôt un horrible fumier humide et malsain.

L'intendance, à la vérité nous fournissait de la paille sèche, mais dans des proportions dérisoires; et encore qu'elle fût très-chère, — jusqu'à 1 franc la botte, — l'on ne voulait plus nous en vendre.

Les particuliers nous en donnaient quelquefois, mais rarement.

— Voulez-vous du vin? disaient-ils, en voilà; mais de la paille, impossible. Nous en étions réduits à marauder le fourrage de la cavalerie.

Enfin, c'était à souhaiter d'être mule ou baudet.

— Voici le commencement des misères, disions-nous, c'est le commencement des misères.

Nous devions en voir d'autres!

Le 8 octobre, le détachement du 19e, venant également de Toulouse, arriva enfin. Les pauvres malheureux, trempés, grelottants, étaient dans un état à faire pitié. Il leur fallut néanmoins dresser leurs maisonnettes de toile à même dans la boue, ce qui dut leur inspirer tout de suite une triste opinion du camp Dumorié;

mais, pour eux comme pour nous, cela était un simple prélude.

Les 1,300 hommes du 7ᵉ de marche étaient donc réunis; restait à organiser définitivement le bataillon et à en reconnaître le chef, ce qui ne tarda pas ; mais, auparavant, nous devions assister à une scène plus intéressante. Dans la nuit du 8 au 9, le camp fut tout à coup mis en émoi.

Les sergents-majors, réveillés en sursaut, devaient commander une avant-garde. Dans quel but? On l'ignorait absolument; mais chacun, dans la persuasion d'un départ imminent, fut bientôt sur pied, et au jour seulement l'on apprit que cette avant-garde était un piquet destiné à rendre les honneurs militaires au citoyen Gambetta.

Il arrivait en effet, le fervent républicain. Échappé à grand'peine aux dangers d'un terrible voyage, il venait galvaniser de son patriotisme ardent la France assoupie dans l'égoïsme de l'Empire.

Il venait insuffler à ces deux vieillards somnolents, sur les rives de la Loire, une parcelle de son énergie et de sa vigueur.

Il venait, en un mot, de cette ombre de gouvernement, faire une réalité terrible pour l'étranger, et frapper de tels coups que nos ennemis, malgré leurs victoires, de longtemps encore n'en oublieront la violence.

Certes, l'on peut reprocher à Gambetta de lourdes fautes, comme avoir voulu sauver la France à lui tout seul, la sauver en dépit d'elle-même, malgré son peu de patriotisme, avoir continué la guerre, alors qu'après nos désastres du Nord et de la Loire, il devait prévoir clairement l'issue inévitable, fatale de la lutte, issue qui ne pouvait amener que de plus terribles exigences de la part des Prussiens, avoir créé des fonctionnaires civils à bouche que veux-tu, des myriades d'officiers dont la plupart, — ceux de la mobilisée spécialement, — eussent été bien embarrassés de dire à un soldat comme l'on tient un fusil, etc., et bien d'autres encore, mais il n'en restera pas moins une grande figure de l'époque.

Ses fautes peuvent se résumer peut-être en un seul tort, mais immense, radical, qui fut d'espérer toujours que chaque citoyen valide, quel que fût son nom, son âge, ses opinions, son état de fortune, allait soudain se lever pour courir à l'ennemi.

Aussi cette arrivée qui, — sans distinction d'opinions, — réjouissait le cœur des soldats, ne faisait-elle pas rire tout le monde dans la bonne ville de Tours.

Déjà quelques-uns, peu soucieux de cet hôte terrible, se précipitaient plus avant dans le Midi, et les fuyards échappés à la mobile, dans la crainte d'investigations désagréables, se hâtaient de prendre la route de la Suisse ou de l'Italie.

En effet, le premier acte de Gambetta fut, rendant justice aux réclamations de la mobile, de faire subir à tous les réformés de cette garde, un nouveau conseil de révision, et il se trouva que, dans certains pays, *un tiers* du contingent avait été, — durant l'ère impériale, — exonéré du service sans l'ombre d'un motif sérieux.

Ceux qui, prudemment, s'étaient hâtés de mettre entre eux et leur mairie une distance convenable, en réchappèrent, mais un grand nombre fut pris et dut alors entrer dans la mobilisée.

Gambetta arrivait donc, et, par une circonstance fortuite, Garibaldi arrivait également le même jour. Les deux républicains se rencontrèrent à la gare, et les soldats de la République française présentèrent les armes à l'un comme à l'autre.

Ce fut une ovation sans pareille, il faut le reconnaître.

La foule demandait un discours, mais Gambetta, exténué, dut, en peu de paroles, faire comprendre que la fatigue l'empêchait de parler comme il l'eût souhaité.

Puis, comme l'on criait : Vive Gambetta ! vive Gambetta !

— Criez vive la République une et indivisible, fit-il simplement.

Et l'on se répandit par les rues dans l'enthousiasme de cet heureux événement, qui promettait le salut de la patrie en même temps que celui de la République..

Le soir même, on apprit que les Prussiens, tournant Orléans et Blois, marchaient sur Tours par Châteaudun. Cette nouvelle produisit une certaine émotion, mais qui dura peu. Dès le lendemain, d'ailleurs, les choses prenaient un nouvel aspect.

Des mouvements s'exécutaient en avant, des décrets multiples partaient dans toute la France, telles mesures étaient prises d'urgence pour ceci ou pour cela, les états-majors, accourant empressés à l'hôtel de la Préfecture, repartaient en toute hâte, porteurs de plans nouveaux ; les fonctionnaires, préfets ou autres, récemment promus, venaient prendre leurs instructions ; des ordres étaient donnés pour l'achat des armes à l'étranger et la fabrication à l'intérieur, et les télégrammes, lancés dans toutes les directions, hâtaient la concentration rapide des troupes et la formation de nouvelles armées.

Enfin, du désordre et de l'incurie, surgissait peu à peu l'organisation. Aussi chacun à Tours se rassura-t-il promptement, persuadé que la ville serait, dans le cas d'une attaque, vigoureusement défendue.

Tours, transformée par la force des choses en une ville commerçante, commençait à jouir d'une splendeur et d'une animation jusqu'alors inconnues.

Les hôtels regorgeaient ; les places, les promenades, encombrées de promeneurs oisifs et élégants, ne désemplissaient pas, et le soir, à l'aspect de la rue Royale, bordée de boutiques étincelantes, on eût dit parfois un quartier du brillant Paris transplanté tout à coup dans ce coin de la Touraine.

La guerre, qui sévissait à l'Est et ruinait les provinces entières, remplissait l'escarcelle des hôteliers tourangeaux, très-heureux, au fond du cœur, de cet état de choses, et rançonnant sans pitié civils et militaires, sauf à protester bien haut de leur amour pour la patrie !

Mais l'égoïsme de ces gens ne nous échappait point, et nous leur disions parfois, semi-sérieux, semi-riants : Il est heureux pour la France que tout le monde ne vous ressemble pas, savez-vous ? Alors, ils s'excusaient de leur mieux.

Hélas, le nombre de leurs pareils était autre que nous ne pouvions le supposer, et la triste réalité devait bientôt nous crever les yeux.

## XIX

LE SEPTIÈME DE MARCHE.

Le 10 octobre eut lieu la reconnaissance colonnelle de M. Galimard comme chef du 7ᵉ bataillon de marche de chasseurs à pied.

Il faisait un temps épouvantable, et la pluie glaciale nous perçait jusqu'aux os; néanmoins l'on fut au champ de manœuvre, sur la rive droite du Cher; l'on forma le carré, et M. Cornu, en raison de son ancienneté de grade, se plaçant au centre, présenta M. Galimard et le fit reconnaître officiellement, au nom de la République française.

Quand les clairons eurent fermé le ban et que toutes les cérémonies d'usage furent accomplies, notre nouveau commandant nous fit une allocution pour nous exhorter à l'accomplissement du devoir.

Nommé chef de bataillon depuis quelques jours seulement, M. Galimard était encore un jeune homme : trente deux ans à peine ; mais ayant fait autrefois la campagne de Chine au 2ᵉ chasseurs, en qualité de sous-lieutenant, il inspirait grande confiance à tous les anciens, venus de ce bataillon.

— Jeunes gens, dit-il, vous faites partie d'un corps d'élite, et noblesse oblige, ne l'oubliez pas.

« Demandez aux anciens, ils vous diront la gloire des chasseurs. J'espère donc pouvoir compter sur vous, comme vous pouvez compter sur moi. Vive la République ! »

Et une acclamation immense, sincère, enthousiaste lui rspondit : Vive la République !

« Je vais vous lire maintenant, ajouta-t-il, le code qui désormais nous régira. C'est la loi martiale, nécessitée, il faut l'avouer, par les nombreux actes de vol, de pillage, d'insubordination et de lâcheté.

« La République, sachez-le tous, n'est pas la licence; elle exige, au contraire, de plus grandes vertus : l'honnêteté rigoureuse, le dévouement absolu, le respect envers ses chefs et le courage devant l'ennemi.

« Jamais, je l'espère, il ne sera besoin de sévir contre vous ; si quelques-uns néanmoins me réduisaient à cette extrémité, je n'hésiterais pas, je vous le jure, à accomplir mon devoir. »

Et il nous lut alors cette loi draconnienne, — bien autrement sanglante que le code ordinaire, — laquelle donnait tout d'abord aux officiers et aux sous-officiers droit de vie et de mort sur les soldats qui s'écarteraient du rang devant l'ennemi.

Tout homme ayant commis un délit prévu par la loi martiale : désertion, voies de fait, refus d'obéissance ou vol simple, devait être jugé, condamné et exécuté dans les vingt-quatre heures.

C'était simple, mais terrible.

Or le général d'Aurelles de Paladines devait bientôt, commandant en chef l'armée de la Loire, nous appliquer cette loi dans son entière rigueur. Aussi, tous les matins, avant le départ des colonnes, soit dans une division, soit dans l'autre, entendait-on çà et là quelques feux de peloton isolés.

— Est-ce une attaque? faisions-nous parfois. C'était l'application de la loi martiale.

Quand la lecture fut finie, le commandant, à son tour, fit reconnaître M. Campion comme adjudant-major, puis l'on revint au camp, toujours sous la pluie et la grêle combinées.

Cette journée nous coûta une vingtaine d'hommes, qui, le lendemain, entrèrent à l'ambulance. En effet, une fois revenus du champ de manœuvres, il fallait, tout transis et glacés, s'allonger sous les tentes, dans la paille à demi pourrie, et ce régime, peut-être tonifiant pour les chevaux, ne convenait pas, il faut croire, à toutes les variétés de la race humaine.

D'ailleurs, la température — sans doute afin d'élargir le cercle de nos sensations — changea encore tout à coup durant la nuit, si bien que l'on retrouva, le matin, une gelée blanche des mieux réussies, si bien réussie que nos toiles de tentes, imperméables à la pluie, avaient été complétement traversées, ainsi que nos couvertures de laine, nos manteaux et le reste.

Il faisait, en outre, un brouillard intense, et les feux des cuisines brillaient par la fumée. Mais, comme compensation, la pluie devait revenir le lendemain et alterner le surlendemain avec de nouveaux brouillards.

Eh bien! à ces variations évidemment désagréables, il fallait encore, comme une ironie amère, — l'homme cherche son propre malheur! — ajouter la lecture de certains journalistes.

Ces farceurs, chaudement enveloppés entre deux édredons, s'écriaient dans leurs feuilles tonitruantes : « Ah! bientôt les rôles vont changer. La mauvaise saison approche, et ces loups Germains retourneront dans leurs forêts, sanglants et mutilés. Chaque pas nous rapproche de l'hiver, hiver qui s'annonce rigoureux, glacial, et dont les terribles atteintes se feront cruellement sentir dans l'armée ennemie, dépourvue de tente-abris et d'ustensiles de campement dont nos industrieux soldats savent si bien tirer parti, etc., etc., etc. »

Cela était vrai : les Prussiens ignoraient la toile de tente, et cette idée nous réjouissait l'âme, mais sans nous réchauffer les jambes, et ces enthousiastes d'un hiver âpre et rigoureux — à condition de le passer les pieds sur les chenêts, bien entendu — oubliaient trop que nous en serions les premières victimes.

Les Allemands, en effet, maîtres de tout, s'installant chaudement dans les fermes closes et les bonnes maisons, passaient leurs nuits dans le foin et la paille des granges, sinon dans le lit de plume des paysans, tandis que nous, misérables vagabonds, en étions réduits à coucher à la belle étoile, dans les plaines glacées de la patrie !

Et en attendant que les loups Germains fussent de retour dans leurs forêts, mutilés et sanglants, les soldats français dégringolaient par milliers dans les ambulances, des suites de cet hiver rigoureux tant souhaité par les dits journalistes.

Enfin, que voulez-vous? l'on a toujours prétendu que les riches ne pouvaient se rendre un compte exact de la pauvreté; ces gens, il faut croire, étaient loin d'apprécier ce que peut être une seule nuit d'hiver passée de tout son long dans la boue.

Si, au lieu de cette saison, bien âpre, en effet, nous eussions joui d'un printemps perpétuel, à coup sûr, étant donnés la situation de la France, ses chefs, ses armées et le degré de patriotisme de sa population, nous n'eussions pas davantage remporté la victoire, mais du moins la lutte eût-elle été de beaucoup plus courte et n'eussions-nous pas enterré des milliers de cadavres dus à la dyssenterie, aux fluxions de poitrine, aux méningites, aux pleurésies, sans compter la variole et autres réconfortants de cette nature, sous le poids desquelles gît accablée notre pauvre humanité.

Peut-être y aurait-il eu moins de jambes paralysées par le froid des nuits et moins de congélations totales?

L'hiver n'était donc pas indispensable à nos malheurs, et, pour s'en réjouir, il eût tout au moins fallu procurer aux troupes de bons cantonnements, ce que l'on se décida à faire vers la fin de décembre, — il était un peu tard, — et leur donner, à l'exemple des Allemands, de bonnes houppelandes et des bottes, oui des bottes (schtifeul), tandis qu'ils n'étaient vêtus que de mauvaises vareuses, de petites vestes, et chaussés, pour la plupart, de misérables guêtres de toile, derniers cadeaux à la France du maréchal Lebœuf.

Alors on aurait pu dire : la mauvaise saison sera rigoureuse, tant mieux; mais, étant dépourvus de tout, ce n'était pas le cas de se réjouir.

# XV

### LEVÉE DU CAMP DUMORIÉ.

Le 12 octobre, on apprit l'entrée des Prussiens dans Orléans, et ce fut pour nous une terrible nouvelle, je vous assure.

Revenus en forces après leur échec de Toury, ils nous avaient battus à Artenay et venaient de nous battre encore, le 11 octobre, devant Orléans.

Les zouaves pontificaux et la légion étrangère, chargés de soutenir la retraite et abandonnés dans le faubourg Bannier, s'étaient héroïquement défendus, mais, écrasés sous le nombre, ils avaient dû céder le terrain.

Et les bruits les plus étranges de se répandre et de s'accréditer.

— Orléans, réactionnaire et légitimiste, aurait d'abord très-mal reçu nos troupes, lors de leur passage, puis, en dernier lieu, avait, disait-on, fermé ses portes devant les blessés français, les laissant ainsi mourir sur le pavé, puis, enfin, avait accueilli les Prussiens à bras ouverts, comme des hôtes attendus.

— La Motterouge, le bonapartiste, était un traître de plus !

— Il avait laissé cerner la ville quand il était facile de s'y opposer !

— Soixante pièces de canon, placées en batterie sur la rive droite de la Loire, n'avaient pas brûlé une gargousse, faute d'ordres !

— Bien mieux, ces pièces n'étaient pas défendues,

afin que l'ennemi pût s'en emparer plus facilement!

— Les officiers avaient été surpris par la bataille, loin de leurs soldats, dans les cafés et les restaurants.

— Le désordre le plus complet s'était mis dans les troupes.

— Les mobiles avaient encore fait des leurs, etc., etc.

Que croire de tout cela et dans quelles proportions le faux se trouvait-il mêlé au vrai ? C'est ce que l'histoire, dans le calme de l'impartialité, dira un jour ; mais, en tout cas, la France avait à déplorer un nouveau désastre. Cela était indiscutable, et ce désastre nous retombait lourd sur le cœur.

Il faut avoir vécu dans les camps à cette époque, pour se rendre un compte exact de la pensée des soldats. Les rangs étaient bien mêlés, nous l'avons dit, et chacun appréciait les choses à sa façon.

— Toujours trahis ! toujours vendus ! s'écriait la masse.

— Eh ! ce n'est pas trahison, disaient les autres, c'est ineptie.

— Allons donc ! La Motterouge est un traître.

— Non pas un traître, un incapable malheureusement.

— Ni l'un ni l'autre, reprenaient quelques-uns ; c'est un général auquel ont manqué les éléments nécessaires à la victoire.

— Ah ! vous voulez rire, sans doute ; mais le moment est mal choisi. C'est un traître.

— Un incapable !

— Eh bien ! c'est tout comme. Pourquoi a-t-il accepté le commandement ?

— Mais permettez...

— Quand on ne se sent pas de force à lutter victorieusement, on ne fait point répandre le sang !

— Mais encore...

— Gambetta manque d'énergie. Il veut concilier toutes les opinions; c'est une faute grave qui perdra la France !

— Ah ! par exemple !...

— Si, au lieu de fusiller les traîtres, il accepte leur démission quand le coup est fait, parbleu ! ce sera toujours à recommencer !

— Il faudrait la guillotine en permanence.

— Ah ! bon maintenant; la guillotine en permanence, pour tuer la République, n'est-ce pas?

— Oh ! si Gambetta décrétait la victoire ou la mort, vous verriez un peu !

— Nous en verrions du propre !

— Quoi donc, s'il vous plaît ?

— Nous verrions que pas un général n'accepterait le commandement en chef, voilà tout.

— Et pourquoi cela ?

— Mais parce qu'il ne suffit pas de décréter la victoire, il faut avant tout l'organiser.

Qu'il surgisse un Carnot, et peut-être, si la France les comporte encore, verrez-vous apparaître des Hoche, des Kléber, des Marceau, des Desaix et des Massena, bien que les temps soient tout à fait changés et que la balistique et la mécanique entrent maintenant dans la victoire pour de plus grandes proportions que le courage. Pourquoi cela ?... Mais avez-vous sous la main une artillerie puissante en batteries de calibre et de précision, se chargeant par la culasse? Avez-vous une cavalerie innombrable et bien montée, afin de dérober à l'ennemi la marche de vos troupes?... Avez-vous des masses d'infanterie parfaitement disciplinées? Etes-vous suffisamment pourvus de munitions de toute espèce?

Vos états-majors sont-ils très-instruits, très-habiles et connaissant sur le bout du doigt le moindre sentier de la France?

Avez-vous tout cela à confier au général que vous mettrez à la tête de l'armée? Non! Eh bien, alors, laissez faire ceux à qui vous ne pouvez fournir que des forces insuffisantes.

— Mais tous ces généraux sont des traîtres!...

— Eh! pas tous, dindon que vous êtes!

Et peu à peu, les esprits s'échauffant, on passait des expressions pittoresques aux aigres propos.

Mais la conduite des gens d'Orléans, par exemple, exaltait chacun par dessus tout.

— Ce nid de réactionnaires, comme il le payera! grinçait-on.

— Quelle grêle de bombes!

— Quelle pluie d'obus, quand nous y arriverons!

Et l'on se promettait, si cela était nécessaire pour en déloger les Prussiens, de mettre simplement le feu aux quatre coins de la ville.

Mais, sans s'occuper ici des causes, très-complexes à coup sûr, de la défaite du 11 octobre, il est permis de dire que, sûrs des effets de la bataille, la plupart des soldats se trompaient, quant aux causes de l'attitude amicale des Orléanais devant les Prussiens.

En effet, la conduite de ces bons bourgeois pouvait se résumer en un seul mot : la peur! Affolés par la peur, étranglés par la peur, ils s'étaient jetés dans les bras de l'ennemi, sans aucune conscience de cet acte. N'être ni tués ni pillés, voilà tout ce qu'ils demandaient; la politique leur importait bien, en vérité!

Alors, parmi nous, d'autres gouaillaient.

— Qui parle de marcher sur Orléans? il n'est pas besoin d'aller jusque-là. Les Allemands sauront bien venir nous déloger d'ici, soyez tranquilles, et, un de ces matins, nous trouverons, comme les camarades, des obus dans le café, puisque c'est la mode?

— Après tout, pourquoi crier? Massacrés en détail ou massacrés en gros, cela revient toujours au même.

Quand viendra notre tour, nous le verrons bien. On ne meurt pas deux fois, allez!

Mais je ne puis vous dépeindre comme les colères s'amassaient et combien la méfiance envers les généraux soupçonnés de bonapartisme grandissait.

Nous étions là, discutant et disputant, quand tout à coup, le 15 octobre, dans l'après-midi, comme on ne l'espérait plus, arriva l'ordre du départ.

En un instant, — admirez la mobilité du caractère français! — tout fut oublié : les misères déjà endurées et la crainte de l'avenir; rancunes, animosités, querelles, tout fut mis de côté, chacun s'étant rangé au même avis.

L'on allait marcher en avant, cela suffisait à tout. Des trahisons passées, de l'incurie précédente, des malechances de succès, il n'était plus question.

L'on verrait l'ennemi, et son affaire était claire. D'ailleurs, le général La Motterouge était décrété d'accusation, et cela suffisait au plus grand nombre.

Alors le camp changea subitement d'aspect, et à l'attitude morne de tous, succéda l'expression de la joie la plus vive.

Chacun criait, chantait; ce fut comme une seconde édition du départ d'Equerchin.

— On part!... on part!...

— Est-ce vrai, au moins ?

— Oui, c'est vrai, tout le monde part : le 31ᵉ de marche, l'artillerie, les équipages ; le camp est levé, quoi!

— Où va-t on ?

— A Blois, pour se former en corps d'armée.

— Est-ce sûr?

— Très sûr. L'artillerie prendra la voie ferrée, nous irons par étapes.

— Enfin ! ça n'est pas malheureux !

Et tous de courir par le camp, comme des insensés. Puis on préparait le *bibelot*, on entassait les provisions.

De la nuit, il ne fut possible à un seul d'entre nous, en raison du tumulte, des chants et des cris, de fermer l'œil un instant, et je doute que les Tourangeaux aient beaucoup plus dormi.

Comme le départ avait été fixé à cinq heures précises du matin, les cuisiniers étaient debout à une heure, occupés à la confection du *cahoua* et de la soupe réglementaires, et bientôt les plus pressés abattaient les tentes, pour les faire sécher, ainsi que les couvertures, devant d'immenses feux de joie allumés avec la paille des gourbis.

Ces feux, par instants, illuminaient le carrefour Dumorié, comme s'il eût été la proie d'un vaste incendie, et la lueur des flammes, se réfléchissant sur les murailles blanches et les armes en faisceaux, se répandait au loin dans la campagne, du côté de Saint-Avertin, éclairant comme *a giorno* ce point de la ville de Tours.

Puis tout à coup à ces brillantes clartés succédait sans transition l'obscurité la plus complète, et, un instant après, se combinant avec le lever du petit jour, surgissait encore une lumière rougeâtre, indécise, dans laquelle s'agitaient confusément des ombres noires courant de ci et de là.

Enfin, l'on eût dit une scène fantasmagorique.

Mais tout s'organisait néanmoins; les sergents de tir, accomplissant leur besogne, allaient de l'un à l'autre, distribuant les cartouches et les aiguilles supplémentaires.

Les caporaux d'escouade faisaient, non sans de vives récriminations, charger le campement sur les sacs; les étuis de musettes se bourraient de vivres; on mangeait la soupe, accroupis en rond sur l'emplacement des maisons de toile, tout à l'heure debout et maintenant déjà roulées et bouclées sur les sacs, et les officiers, faisant leur inspection, hâtaient les préparatifs du départ.

Mais, dans la demi-obscurité, il se produisait parfois des rencontres et des chocs au moins désagréables.

Ici, deux chasseurs courant en sens inverse se heurtaient soudain l'un contre l'autre, s'envoyant rouler à dix pas.

Là, un ancien, équipé avant les autres et alourdi de tout le poids de son sac et de ses armes, écrasait sans pitié les mains d'un jeune soldat encore occupé à rouler sa couverture.

Plus loin, quelque lignard, lancé comme une masse, se ruait, dans sa course, contre la gamelle d'une *tribu* voisine, projetant en avant lui-même et le potage, ce qui pouvait à la lettre se définir : mettre les pieds dans le plat. Alors les convives, troublés dans leur déjeuner matinal, se relevaient tout à coup, brandissant la cuiller inutile désormais, et je renonce à vous dire les expressions de fureur qui s'ensuivaient.

Là encore, quelques cartouches oubliées éclataient

entre les jambes des cuisiniers inoffensifs, ou bien un retardataire, réclamant à grands cris ses guêtres mises à sécher auprès du feu, les retrouvait demi-calcinées dans un amas de cendres fumantes.

Et chacun de crier, de crier !... Pour le moindre objet, c'étaient des hurlements sans fin.

Les gamelles surtout étaient un objet de rixe perpétuel.

La plupart voulaient leur propriété et non celle du voisin, mais les paresseux, trouvant plus commode de s'emparer de ce qui leur tombait sous la main, s'inquiétaient peu des résultats, en sorte que, munis du fusil de Pierre, du sabre de Paul, de la giberne de Jacques, du manteau de Jean, voire même du sac de Mathurin, ils regardaient tranquillement les autres se démener.

Mais, quand l'un des chercheurs rencontrait son bien sur le dos du paresseux, il fallait voir alors quelle grêle de mornifles et de horions !...

Enfin, à cinq heures moins le quart, tout ce tumulte était apaisé.

Rangés en bataille, face à l'avenue de Grammont, chacun de nous répondait à l'appel, et bientôt le 7e de marche, — commandant Galimard, — se mettait en route, l'effectif diminué d'une cinquantaine d'hommes abandonnés dans les ambulances et les hôpitaux.

M. Cornu, nommé chef de bataillon au 27e régiment de marche, avait cédé le commandement de la compagnie à M. Truchy, qui, nommé capitaine à la quatrième, en remplacement de M. Campion, l'avait à son tour transmis à M. Huguel, promu lieutenant.

M. Huguel marchait donc à la tête des trois cents hommes venus du 2e chasseurs, et aucun d'eux ne songeait à s'en plaindre.

# XVI

### PREMIÈRES ÉTAPES.

Quand le bataillon, passant devant le 31ᵉ de marche rangé l'arme au pied, eut défilé par le flanc et fut arrivé sur l'avenue de Grammont, le commandant cria : Halte et front.

L'on se trouva donc en bataille, vis-à-vis le camp Dumorié que nous venions, tout heureux, de quitter à jamais.

On fit de nouveau l'appel ; les chefs de compagnie, profitant de ce moment de répit pour s'assurer que chaque homme emportait réellement le sac de campagne au grand complet, puis, l'appel rendu et chacun retourné à sa place, M. Galimard commanda : Par demi-section à droite : marche.

On exécuta le mouvement, et ainsi placés les sous-officiers en serre-files, les chefs de demi-section bien exactement devant le centre de leur demi-section, on partit clairons sonnant, l'arme sur l'épaule droite.

Il ventait frais ; aussi, autant pour se réchauffer que dans la pensée d'un départ triomphal, avançait-on lestement, au pas trois fois accéléré.

Chacun admirait du reste notre bonne tenue, et les bourgeois matinals, ou les gardes nationaux disséminés par les rues disaient entre eux : Ah ! ah ! voilà les chasseurs de Vincennes ! ce sont les chasseurs du camp Dumorié ! et notre aspect semblait leur inspirer confiance, ce qui nous rendait tout fiers. Parvenus à la place de la Mairie, on s'arrêta un instant, pour laisser défiler les débris d'un régiment de dragons qui revenus de la bataille d'Orléans descendaient se reformer à Angers ou à Limoges, puis on poussa en avant sur le pont.

La première étape assignée était Amboise. Nous devions suivre la rive droite de la Loire, jusqu'en cet endroit, tandis que le 31ᵉ de marche prendrait la rive gauche. Un régiment de mobiles marchait sur nos traces

A la barrière : le commandant, détacha la 1ʳᵉ compagnie en avant-garde, et M. Huguel fit aussitôt marcher en éclaireurs une trentaine d'hommes qui devaient à leur tour fournir ce qu'en terme du métier on nomme : une pointe d'avant-garde ; en sorte que nous partîmes quelques-uns — une demi-douzaine tout au plus — entièrement libres de nos faits et gestes. Notre mission était — pour la forme — d'éclairer la route et de nous tenir constamment à une distance moyenne de 500 mètres de la deuxième avant-garde. Mais notre unique préoccupation étant de nous éloigner le plus possible du bataillon, nous l'eûmes bientôt singulièrement distancé.

Sevaistre, le nemrod infatigable, Blay dit Blay-Blay, Fournereau l'architecte émérite, Crassac le gai compagnon, puis deux ou trois autres, formaient cette pointe d'avant-garde et c'était merveille de nous voir détalant tous du même pas, alignés exactement et tenant à nous sept la largeur de la route. Dire combien nous étions gais, heureux, contents d'aller de la sorte à la défense de notre pays : sac au dos, soit ! giberne aux flancs, si vous le voulez ! mais selon notre humeur et notre fantaisie, fumant là une cigarette, nous arrêtant ici pour boire un coup de vin, offert par une paysanne, cueillant à cette branche une pomme, à cette autre une poire et courant ensuite pour rejoindre les autres, serait impossible !

Le soleil, se levant à l'horizon, dorait la flèche des églises et les toits aigus des vieilles maisons de la ville, émergeant peu à peu de la brume et qui semblaient s'enfuir davantage, chaque fois que nous tournions la tête, pour juger du chemin accompli. Puis, lentement, le brouillard se dissipait, laissant bientôt à découvert les deux rives du fleuve et nous marchions ainsi, droit devant nous, le cœur épanoui, dans l'un des plus beaux paysages de notre chère patrie.

Ah ! malgré les revers, les désastres, les inepties, les trahisons, quel espoir nous conservions encore ! et comme il nous semblait que l'Etranger ne résisterait pas au patriotisme de la France se levant enfin toute entière d'un sublime effort.

Hélas ! qui nous eût dit qu'un jour, bientôt, nous reviendrions dans cette même ville, pour la quitter en grande hâte par la barrière opposée, fuyant, fuyant au plus vite, devant les armées du roi Guillaume.

Mais si en ce monde, l'on savait toujours d'avance, ce qui vous attend, peut être ne tiendrait-on pas à vivre davantage ?

Vers onze heures, après avoir fait la grand' halte vis-à-vis le petit bourg de Mont-Louis, situé sur la rive gauche, nous arrivions en vue des vieilles bâtisses d'Amboise et du château qui les domine de toute la hauteur de sa terrasse et de son passé historique.

Voici Amboise ! disions-nous tout joyeux, car nous avions fait sans broncher nos 24 kilomètres en cinq heures, grande halte comprise et les sacs pesaient lourd cette fois : cinquante livres pour le moins.

Le bataillon nous suivait à cinq kilomètres de distance, ce qui nous donna le temps de rafraîchir nos idées au moyen de quelques vermüths panachés de bitter. Ne criez pas ! cette boisson n'était point une orgie, car, chose vraiment sans exemple dans les fastes militaires, nous avions, durant toute la route, presque constamment refusé les « joyeuses beuveries » de vin rouge ou blanc que les paysans nous offraient sans cesse.

Cette sobriété invraisemblable paraissait même les froisser parfois ; aussi en manière de consolation leur disions-nous, sans nous arrêter : tout à l'heure, ne craignez rien, vous trouverez le placement de vos fioles ! Et en effet, quelques heures plus tard, nous eûmes les preuves évidentes et manifestes que ce bon vin n'était point honteusement rentré dans les caves d'où il sortait; les pochards de l'arrière-garde avaient amplement justifié les prévisions de l'avant-garde.

Quant tout le bataillon fut arrivé à Amboise, le mail échut comme campement aux 8$^e$, 17$^e$ et 19$^e$ ; quant à nous, emmenés par un fermier patriote, nous eûmes pour asile une vaste grange, un peu ouverte à tous les vents, mais bourrée de paille néanmoins : une bonne aubaine après tout.

Il ne faudrait point croire d'après cette dénomination : 8$^e$, 17$^e$ et 19$^e$, que les détachements fussent restés indépendants les uns des autres.

Nous étions bel et bien tous du même corps, formant un seul et unique bataillon : le 7$^e$ de marche divisé en quatre compagnies:

| | | | | |
|---|---|---|---|---|
| La 1ʳᵉ | comprenant les hommes venus du | 2ᵉ | chasseurs ; |
| La 2ᵉ | — | — | — | 8ᵉ — |
| La 3ᵉ | — | — | — | 17ᵉ — |
| La 4ᵉ | — | — | — | 19ᵉ — |

Mais encore que ce fût un fait établi au ministère de la guerre, parfaitement su et connu de chacun, ne pouvait-on s'accoutumer à désigner telle ou telle compagnie par son numéro.

Jamais nous n'eussions dit : *la 4ᵉ*, mais : *le 19ᵉ* est de grand'garde ; non pas : *la 2ᵉ*, mais *le 8ᵉ* est en poste avancé.

Les officiers eux-mêmes ne pouvaient parler autrement, et bien que nous fussions tous solidaires les uns des autres, il existait comme une rivalité entre les compagnies.

Le 17 octobre, l'on s'attendait au départ, mais pour une cause ou une autre, il fallut rester à Amboise toute la journée. Ce temps fut du reste utilement employé en patrouilles et reconnaissances dans la forêt.

Ces patrouilles et reconnaissances qui avaient simplement pour but d'exercer les jeunes soldats au service en campagne et de tenir toutes les troupes en haleine, étaient, au dire des paysans, nécessitées par l'approche des éclaireurs ennemis, venus dans les environs de Saint-Règle. Mais cela était évidemment faux, et à ce moment les cavaliers prussiens n'avaient encore existé à Saint-Règle que dans les imaginations affolées par la peur.

Le 18 octobre, à six heures du matin, les clairons sonnaient par la ville la marche du bataillon.

L'ordre de départ étant arrivé pendant la nuit, il importait de rallier les traînards, qui, en grand nombre, dans l'espoir d'un séjour prolongé à Amboise, s'étaient déjà, au mépris de toute discipline, prémunis de logements à droite et à gauche dans les auberges du pays. A sept heures néanmoins, après avoir bu un simple café, tout le monde était sous les armes et nous nous mettions en marche, cette fois dans un ordre nouveau.

Les mobiles suivaient la rive droite et nous devions longer la rive gauche, suivis à distance par le 31e de marche.

Le 2e ayant fourni l'avant-garde durant la marche précédente, c'était à lui cette fois de pourvoir à l'arrière-garde, aussi notre pointe d'avant-garde se trouva-t-elle par le fait transformée en une extrême arrière-garde, ce qui nous prouva clair comme le jour, que si les marches se suivent, elles ne se ressemblent pas ; mais nous ne pouvions encore prévoir tout l'ennui de la corvée qui nous tombait sur les bras.

Le devoir de l'arrière-garde, est comme chacun sait, de ramasser les malades, les éclopés, les traînards et les malandrins, de faire monter les uns en voiture s'il y a lieu, et de repousser les autres à coup de crosse dans leurs compagnies.

— Après tout, ce n'est pas le diable que cette besogne, disions-nous aux sous officiers du 8e, elle n'est pas nouvelle.

— On voit bien que vous ne connaissez pas encore l'allure de notre bataillon en marche, répondaient-ils. L'étape n'était avant-hier que de 24 kilomètres, et Dieu sait pourtant si nous en avons ramassé de ces *carottiers ;* mais aujourd'hui, nous avons dix bonnes lieues à faire. Vous verrez quel plaisir ! Nous l'avons vu en effet.

Pendant une heure et demie environ, tout alla bien. Chacun chantait joyeux, marchant d'un bon pas, buvant parfois un verre de vin à droite ou à gauche, mais, néanmoins, rentrant aussitôt dans la colonne sans se faire prier ; aussi déjà commencions-nous à croire que les gens du 8ᵉ nous avaient gouaillé lorsque tout à coup, après la première pause, comme l'on se remettait en marche, nous apercevons : deux..., quatre..., six..., dix..., vingt... sacs abandonnés, sur le revers de la route. A ces sacs, se trouvaient joints des fourniments complets, puis çà et là, des marmites, de la viande, des bidons, de grandes gamelles, des pains, des paquets de cartouches, des fusils même. C'était à n'y pas croire.

— Heureusement les Prussiens ne voient pas cela, disions-nous, tout en ramassant les objets abandonnés pour les charger sur les voitures ! Heureusement ils ne voient pas cela !

— Non ; mais ils s'en doutent.

Au surplus, ce n'était que le prélude, car bientôt après les sacs, nous rencontrions les soldats, également étendus à droite et à gauche dans les fossés.

Avant un parcours de quinze kilomètres, nous avions déjà dû laisser en arrière une trentaine de conscrits, appartenant au 19ᵉ pour la plupart.

Tant que la route traversait les prairies, les champs ou les vignes, il était possible de maintenir les traînards, mais quand d'aventure se présentait un village : adieu l'ordre et la discipline.

Comme l'avant-garde négligeait les précautions les plus élémentaires, c'est-à-dire le soin de placer des factionnaires au détour de chaque rue ; nos assoiffés se précipitaient alors librement dans les fermes, dans les berges, chez les paysans, qui toujours leur versaient à boire, en sorte qu'il devenait presque impossible de les renvoyer à leurs compagnies.

Du reste, loin de résister, ils obéissaient au contraire très-humblement, mais sortis par la porte, ils rentraient par les fenêtres.

Cependant il faut tout dire, ce bataillon marchait suivant qu'il était conduit, et si M. Cornu, par exemple, eût commandé, les choses se fussent passées autrement. mais M. Galimard semblait, — quant alors du moins, — trop inexpérimenté pour la lourde tâche qui lui incombait.

Ainsi, à Mosnes, où le désordre devint complet, il avait fait former les faisceaux.

Chacun, croyant donc à la grand'halte, s'était répandu par le village, afin de chercher des provisions, quand tout à coup, vingt minutes à peine écoulées, la tête du bataillon se remet en marche, sans autre sonnerie que : la *casquette du père Bugeaud*.

Or, il est d'usage traditionnel, quand la grand'halte – dont la durée moyenne est d'une heure — se trouve achevée, de faire sonner la marche par tous les clairons et dans toutes les directions.

Pourquoi ne pas se conformer à la coutume? Ou si dans la pensée de notre commandant, il s'agissait d'une simple pause, pourquoi faire former les faisceaux et par cela même induire les soldats en erreur ?

Quoi qu'il en soit, faute d'ordres, d'explications ou de sonneries, quand le bataillon se remit en marche, nous ne laissions pas moins de *trois cents hommes* dans le village de Mosnes.

Déjà l'arrière-garde avait fait une demi-lieue, quand seulement on s'en aperçut dans les compagnies; l'adjudant vint alors nous faire rebrousser chemin avec ordre de rallier tous les trainards.

Ce ne fut pas une petite besogne. Disséminés dans les hauteurs de ce village qui domine la Loire, ils buvaient ou mangeaient tranquilles, attendant les sonneries; aussi fallait-il les découvrir habitation par habitation.

Quelques-uns, déjà abominablement gris, pleurant d'ivresse, titubaient d'une façon indigne, et d'autres, furieux de se voir dérangés, refusaient de nous obéir sous prétexte que nous faisions partie du 2$^e$, et eux du 8$^e$ ou du 19$^e$. L'adjudant lui-même y perdait ses menaces.

Puis, redescendus sur la grande route et cherchant en vain à reconnaître leurs sacs et leurs fourniments dans les tas amoncelés le long des parapets, ils s'en prenaient alors les uns aux autres et se battaient avec rage.

Enfin, comme désordre et indiscipline, ce spectacle ne laissait rien à désirer.

Pendant ce temps, la tête du bataillon continuait tranquillement sa marche, sans nul souci de nouveaux écloppés qui, de ci, de là, continuaient à joncher la route de leurs sacs, de leurs armes et de leurs individus.

Le nombre des équipements était, du reste, tellement considérable, qu'il fallut laisser la plupart en consigne chez les habitants de Mosnes.

Vers deux heures et demie, l'arrière-garde arrivait à Chargé, petit village où depuis longtemps déjà se trouvait le bataillon.

La grand'halte avait enfin été décidée en cet endroit.

Est-ce parce que ce village ne présentait aucunes ressources? qu'il n'y avait là ni pain, ni lard, ni lait, ni beurre, ni œufs, ces comestibles ayant été raflés par les troupes précédentes, tandis qu'à Mosnes on eût trouvé de tout en abondance? je l'ignore; toujours est-il qu'il en fut ainsi.

Notez ce fait : sauf le café et quelques bribes de pain, la presque totalité des soldats n'avait rien mangé depuis le matin.

En revanche, on avait beaucoup bu, et les effets de ces libations commençaient à se faire sentir.

Peut-être eût-il été prudent de profiter des deux heures de grand'halte pour donner l'ordre de faire cuire la viande sur les braises à défaut de soupe, mais on ne parla point de cela, en sorte qu'il fallut repartir à quatre heures, l'estomac à jeun et le cerveau surexcité.

Un certain nombre de traînards s'étaient ralliés, mais Blois était encore loin, aussi pour contenir chacun dans le devoir, le commandant vint-il donner l'ordre à l'arrière-garde de marcher sur la route par demi-section afin de barrer le passage et de refouler impitoyablement ceux qui tenteraient de s'arrêter. Mais nous n'avions pas fait trois kilomètres que déjà les scènes du matin se renouvelaient, aggravées maintenant de rébellion ouverte et déclarée.

Quelques chasseurs, complétement ivres, tombaient lourdement dans les fossés, d'autres menaçaient d'un pugilat quiconque voudrait les faire avancer; un sergent-major dut faire le coup de poing, et l'officier de l'arrière-garde, Harinthe, en fut réduit à menacer de son revolver.

Puis, côte à côte ces ivrognes, tombaient de pauvres jeunes soldats qui réellement faisaient peine : affamés, pliant sous le faix, les pieds ensanglantés ils avaient tenu bon jusque là, mais à bout de forces, ils nous suppliaient de les laisser, et on les abandonnait.

Puis, à chaque village que traversait la route, il fallait, pour ainsi dire, nous colleter avec les paysans, qui toujours et sans cesse apportaient à boire.

Enfin, vers six heures du soir à la nuit tombante, après avoir suivi le grand coude que fait la route d'Amboise pour se jeter dans celle de Montrichard à Blois, et avoir franchi la petite rivière, le Cosson, nous arrivions de nouveau sur les rives de la Loire en vue de Blois!

L'aspect des lumières de la ville qui, au loin, tremblotant dans l'eau, semblaient comme une illumination, rendit courage à chacun.

— Allons, les enfants, encore un coup de collier, disait-on, nous voici arrivés!

On fit une pause assez longue, afin de rallier encore quelques retardataires, puis on se remit en marche, mais les lumières nous avaient trompés. Blois était encore éloigné de six kilomètres, que l'on fit tout maugréant, à cause de l'obscurité à peu près complète. On eût dit que les becs de gaz s'enfuyaient comme un mirage à mesure que nous avancions.

Enfin, cependant, l'on parvint aux premières maisons du faubourg.

Là, on répara autant que possible le désordre de la marche, et le bataillon se forma en colonne par le flanc, pour entrer dans la ville; mais ce ne fut pas, croyez-le, sans vives récriminations.

— Est-ce que ça va durer longtemps?
— Ils veulent donc nous faire crever aujourd'hui?
— Et manger? Quand est-ce qu'on mange?

— Mais si on disait quelque chose seulement!

Bref, tout le monde était furieux. On se remit en marche néanmoins, bientôt pêle-mêle avec une foule de moblos qui venaient, curieux, s'enquérir de nos aventures, et nous donner en même temps des nouvelles de l'ennemi, dont les avant-postes atteignaient Beaugency.

Du reste, au dire des bonnes gens du faubourg, notre arrivée était impatiemment attendue à Blois, car on prévoyait une prochaine attaque des Allemands. Le pont était même complètement miné à leur intention.

Quand nous eûmes traversé la Loire et que l'on se fut engagé dans la Grande-Rue, soudain le bruit courut dans les rangs que l'on traversait la ville pour aller camper au delà.

Alors, ce fut le coup de grâce et la débâcle s'acheva. Les hommes entraient par groupes de dix, douze, quinze dans les cafés, les auberges et les restaurants dont les rues étaient bordées, et nul moyen de les retenir, on ne les voyait pas.

Ils se glissaient parmi les moblos, et, dans la pénombre, se confondaient avec eux.

Mais quand on eut gravi la rampe qui commence à l'extrémité de la Grande-Rue et contourne le château pour aboutir devant la gare, ce fut alors un refus d'obéissance complet.

Des jeunes soldats laissaient tomber leurs fusils sous les roues des voitures, quelques-uns les brisaient même, puis se jetaient sur le pavé en pleurant.

Il était devenu impossible de les faire avancer d'une semelle.

Blois se trouvait dépassé maintenant, et au delà des

derniers réverbères de la voie ferrée qui traversait la route : nulle lumière !

Il fallait donc, dans la nuit noire, s'appeler les uns les autres afin de ne point s'égarer et de suivre toujours la tête de la colonne qui marchait, guidée par M. Galimard, munie sans doute de ses instructions.

Enfin, à six ou sept cents mètres du chemin de fer, l'on s'arrêta pour escalader des talus escarpés et entrer dans une sorte d'avenue paralèlle à la route. Nous devions camper en cet endroit, sur la lisière de la forêt de Blois, vis-à-vis celle de Bussy, couronnant les hauteurs de la rive opposée.

On essaya de mettre un peu d'ordre dans ce désordre, mais en vain.

Les compagnies, les sections, les escouades, mêlées les unes aux autres et réduites des deux tiers, ne pouvaient plus se reconnaître; chacun prit donc le parti de se laisser tomber où il se trouvait, et de s'endormir à la belle étoile, enveloppé de son manteau et de sa couverture.

Fort heureusement, il ne pleuvait pas !

Quant à dresser les tentes ou à essayer la moindre cuisine, c'eût été folie d'y songer; quelques-uns pourtant l'essayèrent.

— Ah! disions-nous, si les Prussiens pouvaient voir cela, comme ils riraient! Mais ils ne s'en doutent pas, heureusement.

En tout cas leurs espions le voyaient pour eux !

Si par hasard l'ennemi fût arrivé devant nous en ce moment, le bataillon, parti d'Amboise avec un effectif de 1,230 hommes, n'eût pas, — ceci n'est point exa-

7.

géré — pu mettre en ligne plus de 500 combattants, et dans quel ordre!

Notre étape, de quarante-deux kilomètres, n'avait pas demandé moins de *treize heures*, et cependant, malgré les haltes nombreuses, on n'avait pris pour toute nourriture que du vin et des pommes, offerts le long de la route par les paysans.

Disons-le en passant, ce jour-là, tous les torts ne furent pas du côté des soldats!

## XVII

### LA CHAPELLE VENDÔMOISE.

Le 19 octobre, dès trois heures du matin, chacun, réveillé par le froid, se levait malgré la fatigue extraordinaire.

Pendant la nuit, quelques chasseurs étaient arrivés jusqu'au bivouac, on ne sait trop comment; mais, néanmoins, le plus grand nombre manquait à l'appel.

Tandis que l'on dressait les tentes, les clairons descendirent donc par toutes les rues de la ville, jusqu'au pont de Blois, sonnant la marche du bataillon.

Beaucoup remontèrent, mais les traînards laissés la veille sur la grande route ne se pressaient pas énormément, il faut croire, car on ne les voyait pas; puis des gens de l'avant-garde, furieux d'être venus jusqu'au bout sans broncher ni manger, descendaient à leur tour déjeuner en ville, en sorte qu'un bon nombre manquait encore lorsque l'ordre du départ arriva.

M. Galimard, dans la crainte de voir se renouveler le désordre de la veille, avait fait réquisitionner de nombreuses charrettes, afin d'y mettre les bagages des éclopés; aussi, avant le départ, passa-t-on une revue sanitaire, et tous ceux qui justifiaient du moindre bobo furent-ils exemptés du sac.

C'était passer d'un extrême à l'autre; mais n'importe, mieux valait encore exagérer en ce sens.

Néanmoins, les sacs des traînards, amoncelés dans

l'avenue, n'avaient point trouvé place dans les voitures, aussi dut-on laisser, pour les garder, un officier et quelques sous-officiers, dont la mission était, en outre, de rallier tous les retardataires, et de les amener au bataillon au fur et à mesure qu'ils se présenteraient.

Puis, vers quatre heures, on se mit en marche, gagnant par un chemin de traverse la grande route de Blois à Vendôme; mais, comme le 31ᵉ avait eu la veille beaucoup à souffrir de l'irrégularité de notre tenue, M. de Foulonges, le colonel de ce régiment, qui faisait fonction de général de brigade, se plaça en tête de la colonne, modérant ainsi notre allure, et la réglant uniformément; point essentiel pour ne pas éreinter les troupes.

D'ailleurs, il était important de nous ménager, car l'on pouvait donner d'un moment à l'autre. M. Galimard, avant les premiers pas, nous en avait prévenus.

— Je compte cette fois, avait-il dit, sur un plus grand courage et une meilleure discipline; nous avons aujourd'hui trente-deux kilomètres à faire; peut-être même rencontrerons-nous l'ennemi; j'espère donc ne pas voir un seul traînard.

Puis M. de Foulonges, passant à son tour devant notre front de bataille, s'était écrié avec son accent gascon, en étendant le bras dans la direction de Châteaudun : Ça chauffe, là-bas! ça chauffe! Aussi j'espère bien que demain, sinon aujourd'hui, ça chauffera pour nous!

Chacun s'attendait donc, pour le moins, à une escarmouche d'avant-poste.

L'on nous avait même donné l'ordre de déployer en tirailleurs, sur les côtés de la route, quelques escouades du 2ᵉ, mais on n'en fit rien, sans doute parce que l'on supposait l'ennemi encore trop loin.

Notre colonne était, du reste, fort peu nombreuse : le 7ᵉ chasseurs de marche, le 31ᵉ de ligne de marche et une batterie ou demi-batterie qui suivait de fort loin en arrière.

Il faisait nuit serrée quand nous arrivâmes à la Chapelle vendômoise; des ordres survenus durant la route nous assignaient les abords de ce village comme lieu de campement. Il fallut donc s'arrêter.

Mais M. Galimard, rendu prudent par la déroute de la veille, s'en fut prendre des informations auprès de M. de Foulonges, qui avait fait arrêter la colonne à distance du village, afin de reconnaître le terrain.

Bientôt il revint et nous fit entrer sur la droite, dans les terres labourées, chaque compagnie marchant droit devant soi après avoir conversé par file à droite, en sorte que le bataillon, en moins de rien, se trouva campé par divisions, à demi-distance, dans l'ordre le plus parfait. Mais, bien que nous eussions à peine fait douze kilomètres, le bataillon avait encore laissé des traînards; aussi, ce résultat commençait-il à devenir inquiétant.

A compter de ce jour commença pour nous l'établissement des grand'gardes.

Les Prussiens, descendus, disait-on, de Beaugency à Marchenoir, s'avançaient sur nous à marches forcées; l'on s'attendait donc à les voir d'un moment à l'autre.

Nous connaissions déjà l'attaque de Châteaudun, et quelques-uns crurent même voir les reflets de l'incendie de cette héroïque petite ville; mais nous en étions pour cela trop éloignés.

Les tentes à peine dressées, on courut dans le village

acheter de la paille ou en marauder sur des meules,—du reste, presque aussitôt gardées, — puis, munis de vivres d'ordinaire que distribuait, dans l'obscurité la plus complète, le ventru Gaubert, et possesseurs de quelques bribes de lard achetées à des paysans grincheux, — nous n'étions plus en Touraine ! — on organisa, dans la première demi-section de la première escouade du 2ᵉ, un petit souper que la faim nous fit trouver excellent, et dont les survivants se lèchent encore les doigts. Aussi, malgré la pluie et le vent, abrités sous nos toiles, mangea-t-on de bon cœur, riant aux éclats des mots de Crassac, qui, loin de s'effarer à l'aspect du pain de soupe tout effondré par la pluie, disait philosophiquement : Eh bien, quoi? c'est toujours de l'ouvrage de *faite*, puisqu'il faut qu'il soit trempé !

L'on s'endormit donc ce soir-là, le plus promptement possible, car nous étions prévenus que le camp serait levé sans bruit vers trois heures du matin, et à coup sûr on rencontrerait l'ennemi qui cherchait à nous couper de Vendôme.

A minuit, comme l'artillerie arrivait au bruit de ses trompettes et roulant avec fracas sur la route, on se réveilla en sursaut, disant : Ah ! ah ! voici les *moulins à café*, nous sommes bons !

C'est ainsi que nous avions baptisé les mitrailleuses.

— Allons, les enfants, courage à l'ouvrage, c'est demain notre premier *coup de Reischoffen*, et l'on se rendormit.

Le coup de Reischoffen était encore, en souvenir de l'héroïque bataille, une façon à nous d'expliquer la mitraille et les canonades ; mais, le lendemain, à trois heures, tout le monde dormait de bon cœur, la grand'-

garde comme les petites, et à six heures seulement, on sonnait la diane, pour se mettre en route non sur Vendôme, mais sur Blois.

Un contre-ordre était arrivé pendant la nuit.

Les Prussiens, loin de marcher sur Vendôme, se concentraient, disait-on, à Beaugency et tâchaient de tourner Blois. Nous nous attendions même à les rencontrer avant notre arrivée dans cette ville. Cela peut sembler extraordinaire, mais à tort.

Si l'on veut réfléchir que les officiers d'état-major et les généraux se trouvaient, à cette époque surtout, dans une grande ignorance des mouvements de l'ennemi, il paraîtra tout naturel que de simples officiers ou des sous-officiers en fussent encore moins instruits.

En effet, tandis que nous croyions voir les Allemands en forces, attaquer Blois, ils étaient encore dans Orléans, et quelques cavaliers ou de minces détachements d'infanterie s'aventuraient seuls jusqu'à Meung, Beaugency, Mer, sur la Loire, Morée, Ozouer-le-Marché, Saint-Laurent-des-Bois, Coulmiers, etc., dans les plaines de la Beauce et encore dans tous ces parages, étaient-ils jusqu'à présent tenus en respect par les francs-tireurs.

Nous étions donc de retour à Blois vers neuf heures du matin sans avoir, malgré nos alertes imaginaires, rencontré un seul Prussien.

Du reste, à compter de cet instant, nous fûmes perpétuellement sur le qui-vive !

Une fois de retour à l'avenue, on dressa les tentes, et la journée s'acheva sans aucun incident. Tous nos traînards n'étaient pas encore rentrés, les derniers arrivèrent le soir.

Fort heureusement pour eux, le général de Paladines

n'était pas encore nommé au commandement de l'armée de la Loire, et nous-mêmes ne faisions jusqu'à présent partie d'aucun corps, sans quoi, la loi martiale se fût emparée d'eux, et je ne sais trop si elle nous les eût rendus vivants.

— Mais b..... de carottiers, leur disions-nous, comment avez-vous pu abandonner votre bataillon aussi longtemps : plus de quarante-huit heures ? Si nous avions donné à la Chapelle-Vendomoise, vous étiez fusillés comme déserteurs. A quoi pensiez-vous ?

Alors ils nous regardaient bouche béante et ne soufflaient plus mot.

Le 21 octobre, à neuf heures du matin, comme chacun se préparait à descendre en ville, un ordre de départ arriva subitement. Le camp fut aussitôt consigné, et des sentinelles furent placées jusqu'aux barrières de la voie ferrée, puis on abattit les tentes, on boucla les sacs et l'on se tint prêt.

Nous devions aller par le chemin de fer jusqu'à Mer et là attaquer les avant-gardes prussiennes ; mais deux heures après, un contre-ordre arrivait, l'on défaisait tous les sacs, et l'on remontait de nouveau les tentes.

J'ai souvent pensé que cette multitude d'ordres contradictoires, arrivant tantôt à un bataillon, tantôt à un autre, avait pour but de tenir les troupiers en haleine et de les exercer à la patience et au labeur des camps; non, je ne voudrais jamais croire que les états-majors, pendant qu'ils déjeunent ou soupent tranquilles, s'amusent à déranger les gens, souvent à jeun, pour le plaisir de le faire, ou envoient des ordres, sans les avoir raisonnés.

Quoi qu'il en soit, la consigne levée, il fut loisible à

tous ceux qui n'étaient pas de service, de se promener par les rues de la ville et de visiter le château.

C'était pitié de voir cette majestueuse et historique bâtisse, encombrée de mobiles de tous uniformes et de tous pays, installés quasi-confortablement, dans les cours, dans les fossés, sous les ponts-levis, dans les hautes chambres, et jusque dans la salle des États, remplie d'une paille hachée menu, menu.

Si ces messieurs de la noblesse, revenus soudain, fussent entrés tout à coup dans leur antique demeure, ils eussent été, j'imagine, singulièrement stupéfiés à l'aspect de ces vils roturiers, défenseurs de la patrie, mais vils roturiers néanmoins, manants et vilains, qui, sans la moindre vergogne, décrottaient leurs mauvais souliers et leurs misérables guêtres dans ces appartements d'allure si grandiose, qui avaient jadis abrité leurs illustres personnes.

Du reste, Blois est encore une ville toute aristocratique, et l'on ne se faisait pas faute de nous insinuer que des gens titrés de l'endroit entretenaient correspondance avec les généraux prussiens, leur donnant avis et renseignements, et que, dans la prévision des nouvelles défaites de l'armée française, ils préparaient déjà leurs appartements pour nos ennemis.

— Mes pauvres enfants, nous disaient les cabaretiers et aubergistes, vous êtes trahis, *depuis le commencement jusqu'à la fin. On* veut la ruine de la France; vous êtes vendus comme moutons en foire.

« Gambetta ne sauvera pas le pays, malgré sa volonté et son courage : il est seul, personne ne le soutient. On vous fait crever dans la boue, dans les marches, et tout cela finira par la ruine de la France et votre destruction.

Ce sont les *riches* qui sont cause de tout. Il faudrait mettre la main dessus et leur faire payer tous les désastres. Oui, votre sort est bien triste! Voyez-vous, de l'autre côté de la Loire, cette forêt de Bussy qui couronne toutes les hauteurs? — Oui. — Pourquoi n'est-elle pas occupée, sauriez-vous me le dire?

« Eh bien, les Allemands, suivant toujours la rive gauche, marchant de nuit, selon leur habitude, couperont en deux votre armée en formation, avant que vous ayez seulement le temps de dire : ouf! et un de ces matins, vous vous réveillerez au roulement des batteries prussiennes, établies là-haut, dans la forêt, à l'insu de vos généraux. Que feront alors ces malheureux artilleurs, campés avec leurs pièces tout en contre-bas, sur les deux rives de la Loire? Ils seront foudroyés avant d'avoir seulement pris position. Oui, voilà ce qui vous attend, mes pauvres amis! »

Je me suis souvent demandé ce que pouvaient être ces gens : des communards déguisés en patriotes? des réactionnaires payés pour jeter la démoralisation parmi les soldats, ou simplement des gens aigris par nos désastres, et qui, assombris par la prévision de malheurs plus grands encore, exhalaient ainsi à tous les vents leur mauvaise humeur? Résoudra la question qui voudra. Quoi qu'il en soit, les cabaretiers, tout en s'apitoyant sur notre sort, ne négligeaient pas leurs petites affaires, et ces récriminations amères se terminaient toujours par le total des notes les plus exagérées, sur lesquelles une omelette de douze œufs, par exemple, était cotée 3 fr. 60 c., et un méchant lapin, — était-ce même bien un lapin? — des prix insensés.

Les récriminations excitaient parfois notre hilarité ;

quant aux notes, elles nous faisaient invariablement frémir.

Malheureusement tout le monde ne prisait pas à leur juste valeur ces discours alarmistes, et un grand nombre de jeunes soldats, les prenant pour paroles d'Évangile, ne laissaient pas d'en être sensiblement démoralisés.

Il faut croire, du reste, que les choses se passaient à peu près de même partout, sur le passage de l'armée, car le gouvernement de la Défense nationale publia, vers cette époque, un décret par lequel il rendait passibles de la cour martiale tous les civils convaincus d'avoir, par leurs discours, démoralisé ou tenté de démoraliser les troupes.

Ce décret, affiché à Blois, dans la matinée du 22 octobre, produisit immédiatement son effet, je vous l'assure, à ce point que le soir même, nous avions, à entendre nos pessimistes de la veille, des forces suffisantes pour battre désormais la Prusse et la Russie ensemble.

La perspective de douze balles de plomb dans la tête avait suffi à changer totalement la conversation des plus alarmistes.

Du reste, malgré leurs dires, l'armée de la Loire s'organisait. Chaque jour, et de tous les points, des troupes arrivaient à Blois et dans les environs.

En nous promenant sur les quais, le 22 octobre, nous comptâmes jusqu'à cinquante pièces de campagne, tant sur une rive que sur l'autre, et les forces amassées alors dans la ville des États se chiffraient au moins par 18,000 hommes, ce qui présentait déjà un effectif capable de livrer une assez jolie bataille.

Ce jour-là aussi, nous recevions des lettres de Douai, où l'on nous disait la brillante conduite d'un détache ment du 2ᵉ chasseurs, à la première attaque de Saint-Quentin, puis nous apprenions enfin quelle place nous était assignée dans l'armée de la Loire.

Placés en tête de la 1ʳᵉ brigade de la 2ᵉ division du 16ᵉ corps, le général Barril nous confiait le périlleux honneur d'éclairer la division.

# XVIII

### DE BLOIS A VENDOME.

Pendant la nuit du 22 au 23, M. Galimard recevait l'ordre de se porter le lendemain dès le matin sur Vendôme, en s'éclairant et se gardant soigneusement sur la droite, car l'ennemi, disait-on, voulant à tout prix descendre sur Tours en évitant Blois et Vendôme, devait nécessairement prendre par Lorges, Josnes, Mares et traverser la grande route de Vendôme entre Le Breuil et la Chapelle-Vendômoise.

Selon toute probabilité, le 7e de marche se heurterait donc par le flanc à ses éclaireurs.

A trois heures, tout le monde était sur pied, occupé aux préparatifs du départ. Quant aux cuisiniers, attentifs à la cuisson du café réglementaire, ils se rôtissaient devant des feux monstres, alimentés par de nombreux échalas, provenant des vignes voisines.

Quel pillage! direz-vous. Oui, mais il faisait si froid, et les cabaretiers de la ville des Etats se montraient si égoïstes !

A six heures du matin, au moment où la pluie, une pluie glaciale, commençait à tomber, nous nous mettions en route, seuls cette fois, sans voitures et notre effectif diminué d'une quarantaine d'hommes.

Un instant! fit M. Galimard avant que les clairons n'eussent entamé la sonnerie du départ, et il se retourna vers le bataillon formé en colonne. Un instant! j'en ai assez de ces marches qui ressemblent à des déroutes !

Que ceux qui ne se sentent ni l'énergie, ni la force, ni le bon vouloir de marcher jusqu'au bout, restent là, qu'ils aillent où ils voudront peu m'importe, mais je n'en veux à aucun prix dans mon bataillon.

Quelques-uns, peu nombreux, il est vrai, sortirent des rangs.

— Est-ce bien entendu ? Tout le monde coûte que coûte fera son devoir ? Oui; eh bien, en avant! et l'on se mit en marche.

Ce petit speach fut immédiatement qualifié par nous de : « *Très-chic.* »

Certes, M. Galimard avait eu raison de faire appel à notre volonté, car cette étape de Blois à Vendôme est bien une des plus terribles que nous ayons faite durant la campagne.

En moins de rien, le poids de nos sacs, de nos manteaux et de nos vêtements trempés, ruisselants, se trouvait augmenté du double, l'eau coulait dans nos guêtres et nos souliers et la grêle nous fouettant sans cesse le visage, nous obligeait parfois à faire tomber nos capuchons jusque sur le nez, au risque de n'y plus voir clair.

Pendant sept heures au moins, la pluie tomba sans interruption, et ce fut seulement à une lieue de Vendôme que le soleil, un soleil pâle et triste, vint nous ranimer un peu.

En marche, rien n'assombrit le soldat comme la pluie. Le froid excessif, la chaleur accablante le gênent sans doute, le font souffrir, mais, sans lui enlever sa gaieté ; la pluie au contraire le consterne.

Plus de chants joyeux, plus de cris, plus d'animation durant cette triste étape; chacun marchait silencieux se retournant parfois afin de se rendre compte de l'allure du bataillon, ou levant un peu la tête pour mieux voir le ciel d'un gris sombre et la campagne toute rayée par la pluie. Puis de temps à autre, nous jetions un coup d'œil à droite afin de voir si l'ennemi ne survenait point.

Dans notre pensée, les Allemands occupaient Marchenoir et la forêt de ce nom qui se trouvent à huit lieues environ au-dessus du Breuil : point central de la route de Blois à Vendôme, et l'idée qu'ils s'étaient encore emparés de cette immense forêt nous faisait froid au cœur.

Bah! après tout, on leur jetterait des obus, et il faudrait bien qu'ils délogeassent !

Notre commandant, soucieux, depuis le décret qui rendait passible de la Cour martiale, tout chef de corps qui laisserait surprendre sa troupe, jetait sur chaque pli de terrain des regards scrutateurs, et quand nous descendions un val ou arrivions sur la crête d'une colline boisée, il se retournait pour bien considérer notre tenue qui était du reste excellente, et juger du fonds qu'il pouvait faire sur nous.

Certes oui, le courage était plus grand, mais la température exécrable était aussi une cause efficace de cette bonne tenue. Qui diable eût alors songé à se coucher dans la boue ?

— Marchons! marchons! disait de temps en temps M. Huguel, du courage! l'année prochaine en souvenir de ces misères, le coin du feu nous semblera meilleur.

— Oh! oui, mon lieutenant.

Parfois l'un d'entre nous s'écriait :

— Eh bien ! votre Emile Ollivier nous en fait-il assez voir de grises ?

— Ah! si seulement notre sac ressemblait à son cœur!

— Farceur, va!

Et l'on souriait tristement.

Le cœur léger d'Emile Ollivier et les boutons de guêtre de M. Lebœuf étaient un de nos grands sujets de conversation; mais, afin de ne pas éclater de fureur au souvenir de ces deux hommes, l'on préférait toujours en rire.

A Villeromain, on fit la grande halte, mais ce village, déjà pauvre, avait été mis à contribution par les troupes déjà passées, aussi fallut-il se contenter du menu de nos gamelles.

— Tiens! tiens! disions-nous à la brave femme qui nous avait livré le coin de son âtre pour nous sécher un peu et faire cuire une soupe, il est donc passé beaucoup de soldats?

— Oh! oui, monsieur.

— Combien?

— Ma fine, trente mille au moins.

Cette assertion nous faisait rire, mais la brave femme, tout en exagérant beaucoup, ne mentait pas, et le petit bourg de Villeromain avait vu défiler une vingtaine de mille hommes.

— Alors les Prussiens ne sont pas encore venus ici?

— Oh! ils sont encore loin, monsieur; il paraît que les uhlans viennent seulement d'arriver à Marchenoir.

Mais, nous demandions-nous, où sont donc passées toutes ces troupes filant sur Vendôme, et comment ne se sont-elles pas de Vendôme portées sur Châteaudun — distant seulement de quarante kilomètres — afin de s'opposer à l'occupation et à l'incendie de la ville?

Comment se fait-il que les francs-tireurs de Paris et la garde nationale de Châteaudun aient été abandonnés à eux-mêmes en présence de douze à quinze mille Prussiens, lorsqu'en une journée de marche, des troupes parties de Vendôme pouvaient efficacement leur porter secours ?

Est-ce incurie, ignorance des projets et des marches et contre-marches de l'ennemi, ou trahison ?

Dans tous les cas, il nous semblait évident qu'une grande bataille se livrerait le lendemain aux environs de Vendôme.

— Tant mieux ! disions-nous, il faut en finir ! Maîtres des hauteurs qui l'environnent, la ville nous semblait du reste facile à défendre. Mais la question était de savoir si les Allemands ne nous tendaient pas un piége pour attirer toutes nos forces de ce côté et descendre ensuite sur Tours par Blois dégarni et abandonné, ou si réellement ils viendraient nous livrer bataille à Vendôme.

Il pouvait être deux heures de l'après-midi, quand nous arrivâmes en vue de la ville par une superbe éclaircie. Or, comme ce jour-là était un dimanche, chacun voulut, quoique crotté jusqu'à l'échine et trempé jusque dans la moelle des os, se tenir avec une certaine crânerie pour effectuer son entrée et traverser les rues remplies de gens en habits de fête qui ne semblaient nullement s'inquiéter de la bataille, et que les malheurs de la patrie ne touchaient guère, n'ayant encore été affligés, ni dans leurs maisons, ni dans leurs bœufs, ni dans leurs vaches, ni dans leurs moutons, ni dans leurs personnes.

Une appréhension grave néanmoins se mêlait à la joie de l'étape accomplie.

Allions-nous camper dans les terres détrempées? Mais point! A travers les rues les moins vraisemblables, les bâtisses les plus vieilles et les pavés les plus aigus, la tête de colonne nous conduisit au quartier de cavalerie où l'on nous donnait pour dortoir le pavé nu et humide des écuries.

Pourquoi les écuries? direz-vous. Parce que les moblos s'étant déjà emparés des étages supérieurs n'avaient laissé libres que les rez-de-chaussée.

Vous croyez peut-être que le troupier français se trouve embarrassé pour si peu? Que nenni! On détacha les planches des stalles pour les ranger sur le pavé, proches les unes des autres, on étendit dessus quelques brindilles de paille, et le lit fut organisé.

Mais le lit n'était pas tout, nous étions affamés; aussi, se mit-on en quête d'une auberge hospitalière, ce qui n'était pas aussi facile à trouver qu'on se l'imagine.

Non! jamais je ne saurais vous dire l'égoïsme de ces marchands de soupe.

Il nous fallut encore tout éreintés de la route traîner de restaurant en restaurant, d'hôtel en hôtel, de gargote en gargote pour trouver enfin une brave femme qui consentît à nous faire souper.

On ne demandait certes pas l'aumône, et l'argent à la main, nous faisions tout d'abord comprendre que notre repas serait payé, bien et dûment payé; mais ces gens égoïstes, comme presque tous ceux de leur espèce, se refusaient tantôt sous un prétexte, tantôt sous un autre à nous faire cuire des œufs ou des côtelettes.

Ils n'avaient rien, disaient-ils.

Enfin, l'un d'eux à qui nous prouvions la fausseté de son dire, en lui montrant des tranches de lard suspendues aux solives du plafond, eut le cynisme de nous répondre : Eh bien ! oui, j'en ai, mais je les garde pour les Prussiens, car ils seront ici dans quelques jours !

Ce fait est authentique, et du reste ne s'est pas reproduit une fois, mais cent, mais mille pour les soldats de l'armée de la Loire.

Alors nous souhaitions à tous ces gens la ruine et le malheur.

Quand la rage vous anime, ne dit-on pas toujours plus que sa pensée ?

Comme Citoyens français, notre désespoir eût certes été grand à l'aspect de Vendôme envahi; mais, comme soldats, nous eussions été satisfaits de voir ces égoïstes punis dans leurs propriétés, la seule patrie qu'ils adorassent.

— Allez, gredins, leur disions-nous, si comme vous le prétendez, nous sommes battus, les Prussiens nous vengeront !

Voilà pourtant où en étaient venus les enfants d'un même pays.

L'égoïsme et la haine de la République d'une part, et la fureur d'être mal traités et mal reçus de l'autre, occasionnaient ces différends.

Cependant tout le monde n'agissait pas de même, Dieu merci, et à côté de l'égoïsme le plus ignoble, il nous était donné de voir des actes de patriotisme et de dévouement. *Ceci compensait cela !*

## XIX

LE BIVOUAC DES BOIS D'AVEISNES.

Le 24 octobre, à six heures du matin, nous sortions de Vendôme en laissant intactes dans la cour du quartier deux pièces de vin offertes par le conseil municipal.

M. Galimard, rendu méfiant par le souvenir de l'ébriété générale du 18 octobre, n'avait même point permis que l'on en tirât un seul litre.

Inutile de vous dire le désespoir des infortunés chasseurs, défilant devant ces deux pièces calées solidement devant la salle du Rapport; chacun doit s'en rendre compte.

La plupart étaient furieux; mais d'autres, à l'aspect de ces tonnes rebondies et pleines d'un généreux liquide, présentaient les armes avec attendrissement, implorant du regard la pitié du commandant; mais M. Galimard, tournant la tête d'un autre côté, affectait de ne pas voir ces démonstrations bachiques, et les deux pièces restèrent intactes à Vendôme.

Ah! il en fut souvent reparlé dans le 7e de marche, je vous assure, de ces deux barriques, et leur souvenir troubla plus d'une fois le sommeil de quelques vieux Chinois.

Ce 24 octobre devint même pour eux comme une ère spéciale, une sorte d'hégire, et il n'était point rare d'entendre dire à quelques-uns, fort longtemps après:

— Ah! oui, je me souviens de ça, c'était huit jours avant les *pièces de Vendôme!*

— Non, ce n'est pas mon tour de garde. Je l'ai montée, quatre jours après les *pièces de Vendôme*.

— Qu'est-ce que vous chantez-là, vous? Ma chemise de laine? Je l'ai achetée en même temps que ma ceinture de flanelle, vous savez bien juste six jours après les *pièces de Vendôme*!

Enfin, ces deux futailles étaient restées pour les vieux Chinois, comme un souvenir ineffaçable.

Une fois hors de la ville, nous suivîmes la route de Marchenoir. Il s'agissait pour nous de prendre position.

Cinquante mille hommes, nous disait-on, garnissaient les alentours de Vendôme, et la place de notre bataillon se trouvait assignée dans les bois d'Aveisnes, sur les hauteurs qui dominent la route de Vendôme à Marchenoir.

J'ignore si réellement cinquante mille hommes se trouvaient alors dans les environs, mais le fait est que, sauf un régiment de mobiles, quelques régiments de ligne et une ou deux batteries, l'on ne voyait rien.

Peut-être aussi ces troupes se trouvaient-elles cachées dans des villages éloignés ou entre des replis de terrain?

Il faisait froid, mais le temps était clair, aussi cette marche, seul moyen de nous sécher et d'assouplir un peu nos membres ankylosés, nous réjouissait-elle beaucoup.

Vers dix heures, après des allées et venues sans nombre dans les bois d'Aveisnes, après avoir franchi des fossés, avoir fait la culbute dans d'autres, nous être perdus et retrouvés parmi les futaies, avoir fait un chemin considérable pour n'aboutir à rien, nous établissant ici et recevant un instant après l'ordre de nous établir plus loin, faisant et défaisant nos sacs, déballant le pain, les vivres, les gamelles et les remballant aussitôt, jurant et sacrant, nous étions enfin définitivement établis dans les massifs qui dominent la route de Marchenoir.

Cette idée d'occuper un bois nous souriait fort. Enfin, l'ennemi ne le prendra toujours pas d'avance, faisions-nous, c'est notre tour d'être embusqués, et s'il passe sur la route, nous sommes bons !

Et l'on calculait alors la distance du bivouac au grand chemin. Comme les tentes-abris se trouvaient disséminées et parfaitement cachées dans les taillis, on se disait : Il faudra laisser approcher les éclaireurs ennemis et ne faire feu que sur la colonne entière quand elle se sera engagée sur la route et nous présentera ainsi tout son flanc.

Et chaque fois qu'une vedette française arrivait au pas sur le sommet de la colline, nous disions : Ah ! les voici ! les voici ! Mais quand le dragon ou le chasseur s'était sensiblement rapproché, nous reconnaissions tout désappointés l'uniforme français.

Le soleil avait daigné paraître quelques instants, et l'on en avait profité pour couler une petite lessive, faire sécher les cartouches avariées par la pluie des jours précédents, et aussi la fougère qui devait nous procurer un lit sain et agréable.

Alors, oublieux des misères passées, l'on s'écriait! : Mais nous sommes ici comme des rois, et l'on ne songeait plus qu'à rire.

De droite et de gauche, l'on courait au ravitaillement, les uns *découvrant* des canards, d'autres des poules, parfois une gelinotte, et G...in, le fameux G...in nous rapportait même un coq de bruyères, *oublié* dans un parc, disait-il.

C... ne, le braconnier, offrait à Mage une oie grasse, *achetée* au *pas gymnastique*, et comme Mage l'Elbeuvien, le caporal Mage, dénommé par nous : le Mage de la rue de la Barrière, se refusait à tremper dans un achat de ce genre.

— Je vous le vends, disait alors le maraudeur.
— Soit ! combien ?
— Un franc.
— Voici.

Un instant après, mis au courant de l'affaire, Sevaistre ou un autre arrivait :

— Mage, c'est à vous ce palmipède ?
— Oui.
— Où et à qui l'avez-vous acheté ?
— A C... ne.
— Diable, mon cher, prenez garde, C... ne est un maraudeur fieffé, vous ne l'ignorez pas, et si les habitants de la ferme voisine se plaignent, on fera une enquête, vous serez traité comme complice, et ma foi, vous savez, la loi martiale ne badine plus depuis la nomination de Paladines.

Alors Mage, tout pensif de rappeler C...ne.

— Tiens, voilà encore vingt sous, mais tu sais, je ne m'inquiète de rien, tu réponds de tout.

— Oui, monsieur Mage.

C... ne était d'une politesse exquise, le gredin, quand il voyait marcher ses petites affaires !

Puis après Sevaistre, venait un autre à qui nous avions donné le mot :

— Dites donc, Mage, est-ce à vous cette volaille que plume G... in?

— Oui, pourquoi?

Mais, mon cher, vous ne savez donc pas, etc., etc., et la scène se renouvelait.

Mage, de plus en plus effrayé par les sombres perspectives de la loi martiale, redonnait un franc à C... ne qui, quant à lui, fort insoucieux des conseils de guerre, empochait tranquillement.

— Oh! mais tu sais, j'ai acheté et payé. Le reste ne me regarde pas!

— Soyez sans crainte, monsieur Mage.

Bref, l'oie grasse fut payée six francs, et comme l'éhonté C...ne revenait pour se faire donner un septième à compte, Mage, rendu au sentiment de la situation, de se relever tout à coup, disant : Ah! tu veux encore un franc, tiens, attrape, mais loin de sortir de sa poche la moindre monnaie, il allongeait au soupçonné de Mazas un coup de botte dans l'endroit que vous savez.

Ce pauvre Mage! aussi héroïquement comique que comiquement héroïque, il avait des façons hilarantes d'expliquer la guerre.

Doué — quant alors — d'une extinction de voix à peu près complète, il ne décessait de parler, et pour reconnaître les rondes et les patrouilles, il trouvait des intonations à désespérer feu Grassot de désopilante mémoire.

Puis, quand on distribuait les grand'gardes, il avait une telle façon d'accentuer : Mon lieutenant, mettez-moi au poste le plus dangereux, je vous en prie, le plus dangereux; que, malgré sa sincérité évidente, il nous était impossible de ne pas rire aux larmes.

C'est lui qui, dans la nuit du 26 octobre, envoyé dans la plaine en poste tout à fait avancé, fit mettre ses hommes à genoux baïonnette au canon, attendant lui-même, son revolver au poing, l'ennemi paisiblement campé quarante-huit kilomètres plus loin.

Nous en avons bien ri plus tard. mais il faut être juste, Mage, comme les autres, était parfaitement convaincu, et, grâce à l'effroi de qui nous savons, l'on croyait les Prussiens en force, à une portée de fusil. Puis, afin de ne point laisser s'endormir les hommes de son poste, le généreux Mage leur donnait de temps à autre un cigare, c'est ainsi que Broner feignant dix-sept fois un profond sommeil, lui subtilisa dix-sept Londrès en moins d'une demi-heure.

— Que m'importe, disait Mage, parodiant le mot célèbre : « Je suis assez riche pour payer ma gloire ! »

Quoi qu'il en soit, malgré ces façons comico-héroïques, Mage était un sincère défenseur de la patrie. Il s'était bravement engagé, quand il eût pu, comme tan d'autres, rester tranquille au coin de son feu.

Le soir du 24 octobre, comme l'ennemi approchait, paraît-il, l'ordre fut donné d'éteindre les feux. A six heures précises : poules, gelinottes, oies ou bifteacks devaient être cuits à point, faute de quoi il faudrait s'en priver ou les manger tels que.

Cette perspective, qui nous souriait assez médiocrement, nous incita tellement à la cuisson desdites volailles, que tous les hommes du 2ᵉ se trouvèrent immédiatement transformés en autant de cuisiniers. Certes, la soupe au riz est une bonne chose, il faut en convenir, mais quand on mange de la soupe au riz le matin, le soir et le lendemain matin, et le lendemain soir, et toujours, et toujours, il n'est point désagréable, croyez-moi, de lui substituer parfois quelques rôts inédits.

Mais dans la soupe au riz on ne mange pas que du riz, direz-vous? Comment donc? Je le crois bien; et la meilleure preuve, si vous tenez à vous en convaincre, est de jeter un coup d'œil sur les détails de l'analyse suivante, que nous fîmes sur le plateau de Blois, un soir que ladite soupe nous paraissait véritablement un peu bien croquante.

Les chiffres ne sont peut-être pas d'une exactitude rigoureuse, n'ayant eu à notre disposition ni les balances, ni le laboratoire d'un chimiste, mais les ingrédients sont garantis; sans aucune approbation des intendants militaires, par exemple :

### SOUPE AU RIZ.

| | |
|---|---|
| 1° feuilles d'arbre.......................... | 3 g. |
| 2° petits tisons............................. | 2 |
| 3° brins de paille.......................... | 2 |
| 4° bribes de foin........................... | 1 |
| 5° herbes fraîches......................... | 2 |
| 6° grains de sable......................... | 6 |
| 7° mouches................................ | 1 |
| 8° fourmis................................. | 1 |
| 9° bœuf bouilli (os et réjouissance compris)... | 80 |
| 10° riz..................................... | 100 |
| 11° bouillon (clair)......................... | 500 |
| Total égal.......... | 698 g. |

Que voulez-vous, il faisait un vent du diable sur le plateau! Eh bien, blâmez, si vous l'osez, cette soupe fut en raison de notre faim, trouvée délicieuse. Peut-être ne faudrait-il pas cependant la recommander au baron Brisse.

Mais le 24 octobre, ce potage était loin de notre pensée, aussi après avoir dévoré l'oie grasse de notre ami Mage, s'endormit-on, disant : Enfin ! c'est demain que nous les verrons, ces Prussiens.

Le lendemain ne nous amena que la pluie glaciale, désespérante, à croire que nous fondrions en eau, avant d'avoir vu le feu.

De fait, notre effectif diminuait à vue d'œil, nous avions déjà cent dix ou cent-quinze hommes dans les hôpitaux, et cependant, le docteur Challan, notre médecin major, n'était pas tendre.

Blessé à Sédan, où il avait eu la jambe cassée, à peine guéri, il continuait néanmoins son service avec le plus grand courage suivant le bataillon, soit en cabriolets, soit en charrette. Aussi, très-dur pour lui-même, était-il fort sévère, à l'égard des autres, et sans pitié, pour les « carottiers. »

Il avait des façons de recevoir ceux qui se présentaient à sa visite, sans être malades, des façons et des mots d'une énergie gauloise qui les faisaient détaler au plus vite, je vous assure.

Néanmoins, malgré sa circonspection à admettre les malades à l'hôpital, l'effectif diminuait chaque jour, et certes le bivouac du 25 octobre n'était pas fait pour améliorer l'état sanitaire des troupes.

A six heures, on se rangea sur la lisière du bois qui regarde Vendôme, et l'on descendit à la suite les uns des autres, un par un, — tellement les chemins étaient impraticables — sur le village de Tournebride, en avant duquel on devait établir un nouveau bivouac.

A nous voir ainsi, on eût dit une longue file indienne marchant dans le sentier de la guerre. Nous étions furieux.

Etait-ce donc la peine de nous faire quitter ces bois où nous étions à peu près à l'abri et sur un terrain dont la déclivité nous garantissait tout au moins d'une inondation pour nous faire camper en bas dans cette plaine boueuse?

Mais il fallait, afin de surprendre l'ennemi, lui laisser ignorer les forces imposantes accumulées à Vendôme, et dans ce but on faisait replier toutes les troupes dans la plaine, ne laissant sur les hauteurs que les avant-postes et les grand's-gardes qui devaient nous signaler l'approche de l'ennemi.

L'on dressa donc les tentes, tout proche les premières maisons de Tournebride, mais, malgré tous nos efforts pour améliorer nos habitations, ce bivouac fut un des plus pénibles que nous eussions eu encore à endurer.

## XX

UNE SIMPLE MARCHE DE NUIT.

Le lendemain, 26 octobre, la compagnie était de grand'garde. Nous partîmes sous les ordres de M. Huguel, en remontant le chemin de la veille, pour aller relever le 19ᵉ commandé par M. Truchy.

Comme il était impossible de toujours acheter de la paille, fort chère, du reste, on confectionna quelques bottillons de ce qui était encore intact, et chacun en emporta un au bout du fusil. Nouveaux vexillaires, nous gravissions en silence, mais avec rage la sente de Tournebride, sans cesse occupés à lutter contre la pluie qui trempait cette paille, et contre le vent qui, à chaque pas, en enlevait des brindilles.

Cette façon assez originale de porter son lit à la pointe de la baïonnette, ne pouvait même nous dérider, car nous commencions à devenir grincheux.

Sans cesse, on nous promettait l'ennemi, et non-seulement il ne paraissait pas, mais les troupes françaises, dont on avait tant parlé, restaient également invisibles à nos yeux.

L'armée de la Loire se bornait donc maintenant pour nous à une batterie d'artillerie et à quelques centaines de mobilisés, absorbés sur la grande place de Vendôme, dans l'étude de la charge en douze temps, de gothique mémoire; et les choses, au lieu de s'éclaircir, semblaient s'embrouiller davantage.

Pourtant, M. Huguel nous inspirait confiance, et l'on

pensait : Après tout, si les Allemands nous attaquent, nous saurons bien, embusqués dans un bois, nous défendre avantageusement.

Les petits postes, lancés au loin dans la plaine, couvraient les approches de la grand'garde, et les sentinelles multipliées par les soins de notre chef de compagnie, veillaient sérieusement.

Le soir, vers neuf heures, comme chacun s'était glissé sous les gourbis, afin de dormir un peu jusqu'au moment de sa ronde ou de sa patrouille — l'on devait en faire toutes les heures — M. Huguel nous fit appeler : caporaux et sous-officiers.

Il venait de recevoir un billet du commandant. Ce billet disait de veiller avec le plus grand soin à cause de la proximité de l'ennemi.

Encore une fois nous venions d'être battus en avant de la forêt de Marchenoir, et les Prussiens s'avançaient sur Vendôme.

M. Galimard donnait donc l'ordre de faire la nuit une grande reconnaissance en avant des petits postes de la grand'garde.

Il importait de mettre sac au dos, disait-il encore, et de lever le camp à cause du mouvement que toute la brigade allait probablement opérer, car en cas d'une attaque, il deviendrait impossible de revenir sur ses pas, chercher des sacs.

M. Huguel nous donna donc ses instructions, et en moins de rien, sans bruit, à voix basse, nous eûmes bientôt réveillé tout le monde.

— Mes enfants ! cette fois les voilà !

— Je crois que nous allons les voir tout à l'heure.

On abattit les tentes, on fit les sacs, on rompit les

faisceaux, et à onze heures, dans la nuit la plus noire, nous descendions, en silence, la pente des bois d'Aveisnes.

L'obscurité était tellement profonde que l'on distinguait à peine les camarades marchant à côté de soi, il fallait mettre les pieds l'un devant l'autre, avec la plus grande circonspection, et encore souvent les souches, les fossés, les troncs d'arbres nous faisaient-ils rouler à dix pas.

Quand on fut sorti du bois et arrivé sur la lisière, M. Huguel organisa sa réserve, et nous partîmes, disséminés par petits pelotons. Nous devions d'abord rejoindre la route de Vendôme à Marchenoir, la suivre jusqu'au village de Coulommiers, le traverser et, après un parcours de douze à quinze cents mètres sur la route, nous rejeter dans les terres labourées et rejoindre la réserve.

M. Huguel, d'après les instructions précises du commandant, nous avait enjoint le silence le plus absolu. La pointe d'avant-garde devait marcher dans l'ombre sur les bas-côtés de la route, évitant de se montrer et de faire sonner les fourreaux de sabre. Nous devions aussi arrêter tout ce qui — voitures ou piétons, bêtes ou gens — marchait dans la direction de Vendôme.

En présence de tant de précautions, une attaque soudaine de l'ennemi nous paraissait inévitable; aussi nous attendions-nous à recevoir des coups de feu dans les jambes.

Mais le village était depuis longtemps dépassé que nous n'avions encore donné tête baissée dans aucune embuscade; quittant la grande route, nous nous étions peu à peu jetés dans les terres labourées, et nous marchions maintenant à l'aventure.

— Où diable sommes-nous ? disait Crassac.

— Ma foi, je crois que nous tournons le dos au bois d'Aveisnes, répondait Jambon.

Enfin, nous allions toujours, faisant néanmoins tous nos efforts à nous orienter, lorsque tout à coup à vingt pas, émergeant de la nuit, une masse confuse apparut, sombre, immobile, bien alignée, et dont les armes semblaient d'un blanc mât dans l'obscurité.

— Ce sont eux ! cria Jambon; et instantanément chacun fut convaincu de la présence des Prussiens.

Instruits de notre marche par leurs espions, ils s'étaient sans doute glissés entre le bivouac et notre compagnie. Que faire ?

La masse restait immobile.

On cria : Qui vive ?

Nulle réponse.

Qui vive ?

Point de réponse. La masse se tenait toujours immobile. Quatre fois nous criâmes : Qui vive ? aussi inutilement.

Enfin, quelques-uns, lassés de ne recevoir aucune réponse, allaient, dans la crainte d'un piége, commencer le feu, lorsqu'à sa voix on reconnut le sergent Bot. Il était temps !

Cette masse était la réserve qui, ne comprenant rien à nos cris et ne devinant pas que nous étions complètement égarés, s'obstinait à garder le silence.

Je n'ai pas besoin de vous dire si l'on s'injuria de bon cœur.

Au même instant, M. Huguel revenait d'un autre côté. Chacun reprit sa place de bataille et, sur l'ordre du lieutenant, se coucha dans les sillons sans dérouler ni tentes, ni couvertures, car d'une minute à l'autre on pouvait recevoir l'ordre de continuer la marche en avant.

La plupart ne voulaient pas s'allonger sur la terre humide, mais le vent glacé les y contraignit bientôt. Nous étions ainsi grelottants depuis un certain laps, implorant en vain le sommeil, lorsque tout à coup quelques uns s'écrient : M. Huguel repart au bivouac, il est reparti !

Il fallut alors reprendre le sac, le fusil et remonter dans les bois d'où nous venions.

Il pouvait être trois heures, la nuit demeurait toujours très-noire; aussi étions-nous obligés de nous appeler les uns les autres pour ne pas nous égarer encore. Quelques-uns marchaient en avant, d'autres qui avaient déroulé leurs couvertures restaient en arrière occupés à réorganiser leurs sacs, et quelques autres encore s'obstinaient à rester couchés dans les sillons.

Enfin, il faut bien le dire, nous étions dans le désarroi le plus complet; en outre, exténués et furieux.

L'ennemi n'était point à un kilomètre, mais à six ou huit lieues pour le moins, et notre marche de nuit avait eu simplement pour but de rassurer le commandant qui ne vivait plus, depuis la promulgation du décret rendant responsable tout chef de corps qui laisserait surprendre sa troupe.

M. Galimard, qui tout d'abord ne s'était pas assez inquiété de son bataillon, s'en occupait trop maintenant, et sa crainte de nous voir tomber dans des embuscades lui montrait l'ennemi à chaque détour de route, et se traduisait pour des compagnies entières en corvées aussi pénibles qu'inutiles. En un mot, très-courageux de sa personne — ce qui est insuffisant pour un chef de corps — il devenait tout à fait craintif au sujet de son bataillon, et exagérant ainsi les précautions, il nous exténuait.

Quand toute la compagnie, sauf les petits postes restés dans leurs emplacements, fut enfin réunie au bivouac, M. Huguel donna l'ordre de faire la soupe.

Il était furieux, lui aussi, mais ne le laissait point voir. Comme nous, en effet, il avait cru à la présence de l'ennemi entre Villetrun et Coulommiers.

Le commandant venait d'envoyer un nouvel ordre, signifiant de nous trouver en bataille à six heures du matin sur la route de Vendôme à Marchenoir.

Le bataillon devait nous prendre au passage en cet endroit.

On fit donc la soupe tout maugréant, devant des feux monstres, quelques-uns essayant de dormir en plein vent malgré la brume et la gelée blanche, et enfin à six heures précises du matin, harassés, fourbus, nous attendions, l'arme au pied, l'arrivée des autres compagnies.

## XXI

### L'ÉTAPE DE MARCHENOIR.

Notre aspect à tous était singulièrement renfrogné : transis, glacés, grelottants sous nos petites vestes bien insuffisantes pour lutter contre la bise, nous attendions tout en maugréant le bataillon, qui se fit attendre près d'une heure.

Pendant ce temps, des voitures d'ambulance défilaient devant nous, avec leurs drapeaux à la croix de Genève, plantés sur les côtés, et nous comprenions parfaitement ce que cela voulait dire.

Du reste, nous savions, à n'en pas douter, que le terme de l'étape était le village de Marchenoir, et qu'avant d'y arriver nous rencontrerions infailliblement l'ennemi.

Quand tout fut prêt, on se mit en marche dans l'ordre suivant :

1° Un peloton de chasseurs d'Afrique ;
2° Le 7° chasseurs de marche ;
3° Une compagnie du génie ;
4° Une batterie d'artillerie ;
5° Un peloton de chasseurs d'Afrique.

Allons, dit-on, cette fois, nous n'y manquerons pas; aussi bien il faut en finir, cela dure depuis trop longtemps !

En avant de chaque village, on s'arrêtait un instant, ce qui nous faisait toujours croire à la présence de l'ennemi; mais, en fait d'ennemis, on ne rencontrait que des bandes d'oies, fort communes dans le pays, et c'était une hilarité sans pareille d'un bout à l'autre de la colonne.

Ces volailles, comme si elles eussent eu conscience de l'inviolabilité que leur faisait la loi martiale, arrivaient par files, à travers champs, se former en bataille sur les revers de la route et nous regardaient passer en agitant les ailes et en criant de toutes leurs forces, le bec en l'air.

Cette vue nous réjouissait fort, mais tout en excitant notre convoitise, il faut l'avouer.

Quel malheur! disaient les soupçonnés de Mazas, Quel malheur! ne pas pouvoir leur emporter seulement une patte!... Et ils s'ingéniaient, à force de stratagèmes, à attirer quelques volatiles au milieu des rangs; mais toutes, prudentes et méfiantes, semblaient ricaner de leurs vains efforts.

Côte à côte le commandant, en tête de notre compagnie, marchait un officier d'état-major, fort occupé à expliquer à M. Galimard les plans du général de Paladines, aussi profitions-nous avec plaisir de son voisinage pour nous instruire un peu. Cet officier racontait que, selon toute probabilité, l'on ne se battrait ni le 27, ni le 28 octobre, à moins d'une attaque imprévue, mais que des ordres, donnés pour la concentration des troupes dans la forêt de Marchenoir, — gardée jusqu'à présent par les seuls francs-tireurs et dont les Prussiens, faute de monde, n'avaient encore pu s'emparer, — recevaient en ce moment même leur exécution.

Les officiers du génie affectaient de faire de redoutables travaux de défense dans cette forêt, afin de tromper l'ennemi en l'attirant, mais, loin de se défendre sous bois, le 29 octobre au matin, l'armée de la Loire sortirait en masse et tomberait à l'improviste sur les Allemands surpris.

— « Néanmoins, disait-il, il importe d'éclairer et de fouiller toute la campagne, car nos ennemis, très-retors, ne négligent aucune précaution, et les nombreux uhlans envoyés à la découverte témoignent du grand besoin qu'éprouvent les Allemands de la libre possession de la forêt de Marchenoir. »

Au petit village d'Épiais, assigné pour la grand'halte, on fit grimper la compagnie sur les revers de la route, et l'on déploya en tirailleurs, pour fouiller le bois de Villegomblain, sur la gauche, l'escouade du ventru Gaubert, tout furieux de ne pouvoir accomplir un splendide déjeuner médité depuis longtemps avec son collègue Mage.

Tandis que cette escouade se déployait à toutes jambes, nous nous assîmes sur nos sacs, et, pour nous mettre à l'abri de la pluie qui recommençait à tomber, l'on déroula les capuchons et, sous les plis du manteau, on mangea comme l'on put.

Au bout d'une heure, quand le bois fut bien et dûment fouillé, et la grand'halte finie, on se remit en marche, alourdi du poids des vêtements trempés et de l'insomnie de la nuit précédente.

Au sortir de Oulcques : un gros bourg situé à mi-route entre Vendôme, Morée, Blois et la forêt de Marchenoir, nous étions tellement exaspérés de cette pluie et de ces fatigues, que l'on souhaitait impatiemment l'ennemi, tant l'on avait besoin de passer sa rage sur quelqu'un ; mais, vers deux heures, nous arrivions à Marchenoir, occupé par de nombreux contingents de mobiles, sans avoir rencontré le shako d'un uhlan.

Bien que la pluie tombât sans discontinuer, le commandant, après avoir été examiner le terrain, ne s'apprêtait pas moins à nous envoyer camper dans deux pieds de boue, sur la gauche du village, lorsque M. Huguel prit la parole au nom de sa compagnie.

Il exposa les fatigues de la grand'garde, la marche dans les terres labourées, le bivouac sans sommeil, et il en conclut que, si nous ne passions pas au moins une nuit à l'abri, bien des gens manqueraient le lendemain à l'appel.

Le commandant se rendit donc à cet avis, et nous fûmes cantonnés dans une vaste grange où l'on enfonçait dans la paille jusqu'aux genoux. C'était la seconde fois depuis notre départ de Douai.

Puis, comme un officier supérieur du génie arrivait sur ces entrefaites, il décida M. Galimard à cantonner ses trois autres compagnies en lui disant : « Ah çà ! mais, commandant, vous voulez donc voir demain la moitié de votre bataillon à l'hôpital?

Chacun put ainsi, tout heureux, courir se réchauffer; mais les auberges, complétement envahies, ne possédaient qu'une cheminée, pour la plupart, et il faut de longues heures pour sécher les vêtements de drap militaire complétement imbibés.

Quelques-uns avaient allumé de grands feux dans les cours des fermes; mais la pluie, tombant sans cesse, ne permettait jamais de se sécher complétement, en sorte que l'on se coucha transi et glacé.

L'on dormit néanmoins ; mais, le lendemain matin, quand il fallut se mettre en route, plusieurs, grelottant la fièvre, et les membres tout ankylosés, ne pouvaient plus faire un pas, ils durent aller grossir le nombre des malades dans les hôpitaux.

— Allons! disait tristement M. Huguel, si les Prussiens perdent du monde chaque jour, nous en perdrons aussi.

L'on se remit en marche, lentement, lentement, à petits pas, d'après l'avis du capitaine Campion, — un vieux routier! — et ce fut fort bien fait, car, s'il eût fallu marcher plus vite, la moitié du bataillon fût, cette fois, restée en route, sans aucune mauvaise volonté.

Mais, d'une part, la sagesse et la sollicitude des chefs croissaient chaque jour, tandis que, de l'autre, la volonté, l'énergie, le courage et la discipline des soldats devenaient plus grands.

— Fort heureusement, nous dit M. Campion, on ne va pas loin! En effet, un peu après avoir dépassé Plessis-l'Echelle, on nous faisait enfin, non sans de nombreuses hésitations, aligner nos tentes à un kilomètre en arrière de la forêt de Marchenoir, entre Roches et Plessis-l'Echelle.

La pluie ayant cessé un instant, on en profita pour courir au village de Roches ébaucher un déjeuner. Puis, pour ne pas se coucher absolument sur la terre nue, on s'enquit d'un peu de paille.

Cette fois, loin de la payer un franc la botte, nous en eûmes gratis à discrétion.

Certes, si nous rencontrions des égoïstes, parfois aussi il nous était donné de serrer la main à des patriotes. Ainsi, la fermière de Roches, en mettant ses meules à notre disposition, nous dit simplement, la digne femme : « Mes enfants, prévenez vos camarades qu'ils trouveront de la paille ici tant qu'ils en auront besoin; je ne veux pas que les défenseurs du pays couchent dans la boue! »

On ne se le fit pas répéter deux fois, et, en moins d'une heure, quinze cents bottes de paille furent emportées, tant par les chasseurs, que par les soldats du 31ᵉ de marche, arrivés de Mer depuis le matin.

De retour au bivouac, comme le soleil brillait par hasard, on en profita pour nettoyer les armes qui se trouvaient dans un état déplorable; et, tandis que, gravement assis sur sa couverture, chacun démontait la culasse mobile ou fourbissait le tonnerre de son chassepot, nous fûmes témoins d'un spectacle qui nous ragaillardit tout à fait.

Sur la route qui conduit de Marchenoir à Mer, en passant par Roches et Plessis-l'Echelle, défilaient des batteries dont les bronzes reluisaient au soleil. Nous les comptions, anxieux, et l'on disait avec une joie croissante : « Allons, encore une batterie, ça va bien! ça va bien! » Mais quand nous en eûmes compté seulement une demi-douzaine, ce fut désormais de l'enthousiasme.

Il nous sembla dès lors que les Prussiens étaient battus d'avance, et l'on continua le nettoyage de son arme, sans plus se soucier de l'ennemi que s'il eût été à cent lieues; or, cette fois pourtant, il manœuvrait en forces de l'autre côté de la forêt de Marchenoir, c'est-à-dire à douze kilomètres.

Du reste, non-seulement on voyait défiler devant soi des batteries d'artillerie, mais encore arriver de toutes parts, dans cette vaste plaine, des masses d'infanterie et de cavalerie.

Allons! décidément, pensions-nous, l'officier d'état-major a dit vrai : ce sera pour demain ! Et l'aspect de ces troupes françaises, qui, après avoir marché toute la nuit par des temps épouvantables et qui, venues de Mer, de Blois, de Vendôme et de plus loin encore, s'avançaient en aussi bon ordre, nous réjouit le cœur et nous fit encore une fois reprendre courage et compter sur la victoire.

## XXII

LA FORÊT DE MARCHENOIR

et

CE QU'ON Y VOYAIT LE 29 OCTOBRE 1870.

Comme nous étions au plus bruyant de notre joie, la pluie vint derechef nous tourmenter.

Déjà l'on commençait à réintégrer les domiciles de toile, lorsque les clairons sonnèrent tout à coup la marche du bataillon. Il fallait décamper.

Malgré ses tergiversations, le capitaine du génie, qui avait assigné cet endroit pour notre campement, s'était trompé, paraît-il, et, notre mission étant de garder la lisière de la forêt, vis-à-vis le village de Lorges, il importait d'occuper cet endroit.

Je ne saurais dire la rage qui s'empara de nous et les épithètes peu bienveillantes adressées à qui de droit.

— Mais ces gredins-là ne songent qu'à nous faire aller !

— Ils ont donc juré de nous faire crever avant la bataille ? etc., etc., etc.

Cela n'en finissait plus, et, tout en ramassant sous la pluie et sous la grêle, les pièces éparses de nos fusils qu'il fallait remonter à la hâte, les bibelots de nos sacs, les pains et les gamelles roulant dans la boue, les couvertures déjà maculées, chacun exhalait sa mauvaise humeur et sa colère.

Mais bientôt, formés en colonne, nous continuions

notre marche, chacun une botte de paille au bout de son fusil. Elles étaient trempées, ces bottes, comme bien vous pensez, et dormir sur la terre ou sur cette paille était absolument la même chose, mais leur possession suffisait pour nous consoler.

Tandis que l'on faisait une petite pause avant d'entrer dans la forêt, M. Huguel se retourna vers nous et nous dit : « Eh bien ! c'est pour demain, cette fois ; êtes-vous contents ? Et je puis vous assurer que nous serons nombreux : trente mille au moins, c'est là de quoi livrer une vraie bataille. »

Alors, comme quelques-uns lui demandaient si nous aurions beaucoup d'artillerie, il se mit en colère : « De l'artillerie ? dit-il, c'est leur refrain à tous ; mais oui, vous en aurez. De l'artillerie ! parbleu ! il n'en faut pas tant. Le canon est plus bruyant que dangereux, sachez-le, et je déclare qu'une compagnie de cent cinquante hommes bien déterminés, armés de fusils de précision, bons tireurs, peut très-bien démonter une batterie.

« Courir sur les canons en profitant des moindres accidents de terrain, espacés les uns des autres, s'arrêter à six cents mètres, se coucher à plat-ventre, viser soigneusement les pointeurs, les abattre et s'emparer ensuite de la batterie au pas de course est chose parfaitement faisable, et, si l'occasion se présente, nous la saisirons.

« Sans doute, on perdra quelques hommes, mais beaucoup moins, croyez-le, que si nous avions affaire à une troupe d'infanterie égale en nombre. N'ayez crainte, l'obus est plus éclatant que dangereux, et une fois le premier moment d'émotion passé, vous vous en apercevrez facilement. »

M. Huguel pensait-il bien sincèrement ce qu'il affirmait ainsi, je l'ignore ; mais en tout cas, c'était, si je ne me trompe, affermir le moral de sa troupe, et il valait mieux la tromper ainsi que de hurler : « En retraite ! en retraite ! » comme le fit un certain capitaine de mobiles, au coin de la grande ferme, à Coulmiers, le 9 novembre, à cinq heures du soir, quand la bataille était aux neuf dixièmes gagnée !

Après avoir traversé des sentes, des avenues et contre-avenues sans nombre, être tombé maintes fois dans les ornières glissantes et la glaise des chemins, avoir laissé à chaque branche ou buisson des brindilles de nos bottes de paille amincies, l'on arriva enfin sur la lisière de la forêt qui fait face au village de Lorges.

Alors M. Huguel divisa la compagnie. Postant la 2$^e$ section dans la forêt même, il nous fit suivre la lisière du bois jusqu'au moment où nous eûmes rencontré un terrain propice au bivouac et à l'établissement des cuisines, car il s'agissait maintenant de dissimuler notre présence le plus possible, afin de surprendre l'ennemi.

Les tentes, malgré l'obscurité, furent bientôt dressées et des sentinelles établies sur tous les points, en avant comme en arrière et sur les flancs du village de Lorges.

Il fallait, de deux en deux heures, relever les sentinelles, et cette corvée ne réjouissait personne ; mais on s'entr'aidait les uns les autres, sous-officiers et caporaux, et les choses n'en allaient pas plus mal. Puis, à cause du froid, l'on préférait, au lieu du sommeil sous la tente, aller se chauffer à la mairie du village, que les habitants avaient transformée en corps de garde.

Surveillant les approches du pays depuis plusieurs

jours, ils avaient déjà échangé quelques coups de feu avec les uhlans; ils en avaient même tué un et, tout fiers, ils nous racontaient cet exploit.

— « Nous ne sommes que des paysans d'un petit endroit, disaient-ils, mais nous serions bien honteux de nous être conduits comme les gens d'Orléans.

« Allez, ne craignez rien, les uhlans ne sont pas si terribles que l'on a bien voulu le faire accroire; depuis qu'ils ont vu comme on les descendait par ici, ils ne sont plus revenus, et si tout le monde en avait fait autant, la France serait peut-être moins envahie! Non, ils ne sont point si farauds, ces Prussiens, et la preuve en est que, l'autre jour, du coté de Josnes, ils se sont sauvés en laissant deux pièces de canon à un petit détachement d'infanterie; mais, il faut tout dire, les Français, au lieu de s'emparer des canons, se sauvaient aussi de leur côté, si bien que ces gueux d'Allemands sont revenus, vers une heure après minuit, chercher les deux pièces.

« Enfin, ça n'y fait rien; ils ne sont pas si braves, allez! sans leurs chefs, qui sont des malins, on en viendrait bien à bout tout de même. »

Et ces gens nous faisaient raconter à notre tour les étapes déjà accomplies, et ils s'étonnaient de tant de misères subies pour un si piètre résultat.

— Enfin nous les surprendrons demain, disions-nous, et ce sera une vraie bataille!

— Oui, vous les surprendrez, à moins qu'ils ne soient déjà avertis de votre approche et qu'ils ne s'enfuient. Toutes les nuits, savez-vous, on leur fait des signaux qui viennent de Blois, et ils y répondent du côté d'Orléans. Si vous tenez à en être sûrs, ne vous endormez pas d'ici une heure ou deux, et vous saurez à quoi vous en tenir.

Eh bien ! cela est triste à raconter, mais ces paysans avaient raison.

A peine de retour au campement, nous vîmes, ainsi que tous ceux qui, à cette heure, veillaient dans les bivouacs, sur la lisière de la forêt de Marchenoir, des feux, verts, blancs et rouges illuminer le ciel du côté de Blois, et d'autres leur répondre du côté d'Orléans. Or, les Prussiens n'étant pas encore à Blois, il était évident que les feux venaient d'espions cachés dans la ville.

Etaient-ils Français ? Peut-être ! Dans tous les cas, la chose n'est pas impossible.

Un jour sans doute, on saura qui allumait ces feux afin de bien indiquer aux généraux prussiens où se trouvaient, pataugeant dans la boue et la misère, les pauvres soldats français.

Du reste, cela ne nous étonna nullement, puisque tous les jours, malgré notre surveillance, de misérables fermiers français — est-ce français qu'il faut dire ? — conduisaient à travers nos lignes des troupeaux de bœufs et de moutons destinés au ravitaillement des Prussiens.

Ce soir-là même, nous avions reçu la consigne la plus sévère à propos d'un de ces gredins, et, malgré son signalement exact et celui de son troupeau, il put, la nuit, tromper notre surveillance et passer sans encombre ; mais, quelques jours plus tard, sa livraison faite et de retour chez lui pour acheter de nouvelles têtes de bétail, il fut appréhendé, et nous eûmes la satisfaction d'apprendre que, conduit à Blois et traduit devant une cour martiale, il avait été fusillé raide, après un jugement sommaire.

Combien d'autres, plus heureux, mais non moins coupables, ont échappé à toute espèce de poursuites !

Ne les recherchera-t-on pas un jour?

La nuit s'acheva néanmoins sans nul incident, et, le matin, à sept heures, les tentes pliées et les sacs prêts, on attendait le signal pour marcher en avant, car nous devions, avait-on dit, nous diriger tout droit sur Orléans, éloigné de sept à huit lieues.

Mais à midi, on venait nous donner l'ordre de rentrer dans la forêt, et l'on nous envoyait occuper notre poste sur un autre point de la lisière, mais de façon à être complétement cachés néanmoins.

Or, cette forêt de Marchenoir, dont la physionomie semblait si paisible la veille, avait entièrement changé d'aspect.

A chaque sentier : une sentinelle; au moindre carrefour : un poste avancé; sous les allées : des faisceaux ; puis, çà et là, disséminés dans les taillis, des rangées de tentes, des gourbis en terre, en feuillage ou en torchis.

Là des prolonges d'artillerie barraient l'avenue ; ici on déballait des caisses de biscuit, plus loin une cuisine s'organisait. Des détachements d'infanterie croisaient des patrouilles de cavalerie, et nous rencontrions ici ou là des moblos occupés à des terrassements de défense.

Enfin, d'un bout à l'autre, la forêt était solidement occupée et approximativement, il nous était permis d'évaluer le nombre des troupes qui la gardaient à vingt mille hommes.

La compagnie à peine arrivée au carrefour qui lui

était assignée, on nous assembla pour nous lire un ordre de la division.

Cet ordre, d'une concision et d'une clarté parfaites, faisait cesser toutes les incertitudes. Il disait que le lendemain matin, 30 octobre, à cinq heures, le bataillon se mettrait en marche pour suivre la route de Plessis-l'Echelle. Dans le cas de rencontre de l'ennemi, l'infanterie devait aussitôt se jeter en tirailleurs dans la plaine afin de dégager les routes à droite et à gauche, pour le service rapide de l'artillerie.

Les régiments de ligne de la division devaient commencer le feu, et notre bataillon se tenir en réserve à 1,000 mètres en arrière de l'artillerie.

Ce rôle, très flatteur et qui prouvait le cas que l'on faisait de nous, ne laissait pas d'être périlleux, car chacun le sait, les réserves sont ordinairement destinées à rester impassibles sous le feu de l'artillerie ennemie jusqu'au moment où leur présence se faisant sentir, elles avancent au plus fort de l'action et décident du sort de la bataille.

Il est vrai que si elles s'enfuient au premier obus, comme on a eu plusieurs fois la douleur de le constater, elles deviennent plus qu'inutiles, mais tel ne devait pas être le cas du 7e de marche.

Enfin ! s'écria-t-on, c'est pour demain ! Mes enfants, disait Houdet, c'est demain le grand coup de *Reischoffen*, il ne faut pas perdre de temps, allons visiter la ferme de la Touane, afin de savoir si on n'y trouverait pas encore un dinde et quelques bouteilles de vieux vin. Et de tous côtés l'on s'organisa afin de célébrer par un repas exquis la veille d'une journée qui, à coup sûr, ne manquerait pas d'être inscrite dans l'histoire.

Notre bonne humeur était revenue, et chacun plaisantait disant : Après tout, rions aujourd'hui, rions bien, c'est peut-être la dernière fois.

Ce bivouac, du reste, pittoresque au possible, contribuait à nous tenir en liesse.

Il pleuvait toujours, mais les grands arbres nous abritaient, et de plus, il nous avait été possible avec force paille de nous bâtir des maisonnettes quasi-confortables.

Malgré les ordres formels donnés à cet égard, les tentes étaient illuminées, et la lueur des bougies, se répercutant au travers des massifs et des armes en faisceaux, faisait de notre forêt comme un splendide décor d'Opéra comique.

A cinq heures, le 30 octobre, les sergents faisaient lever le camp, sans sonneries préalables, et l'on se mettait en marche, l'estomac lesté d'une tasse de chocolat que Sevaistre, l'homme au petit manteau bleu de la première escouade, avait trouvé moyen de faire confectionner je ne sais comment.

Dieu sait pourtant si la veille nous avions plaisanté cette idée de chocolat.

Ah! des troupiers, bivouaqués dans des forêts, manger du chocolat? Quelle honte!

Eh bien! il faut l'avouer, jamais honte ne nous sembla meilleure ni de plus facile digestion.

Du reste, qui pouvait le dire, cette tasse de chocolat était peut-être la dernière?

On se mit donc en route après de nombreuses distributions de biscuit que le fourrier Guéroult était allé quérir durant la nuit à des distances insensées; mais quelle marche que la traversée de cette forêt!...

Les chemins déjà mauvais étaient devenus impraticables à cause des pluies continuelles ; les ornières remplies d'eau, la boue, la terre glaise, les racines d'arbres faisaient autant d'obstacles, et, comme l'on marchait très-vite, les rangs un peu mêlés, à chaque instant, l'un d'entre nous s'étalait sous le poids de son sac.

Enfin, au sortir de la forêt, non loin de cet endroit, où nous avions un instant campé l'avant veille, on fit halte et front, afin de se reformer en bataille, puis on nous permit de mettre sac à terre.

Pendant ce temps, des batteries filaient au galop sur la route de Marchenoir à Roches, et des colonnes profondes d'infanterie s'engageaient par d'autres routes dans la forêt que nous venions de quitter.

Ce spectacle, tout en nous intriguant, nous déplaisait fort.

— Quoi! disions-nous, on nous fait quitter la forêt, et de nouvelles troupes y prennent notre place? Mais alors que penser? Nous tournons donc le dos à l'ennemi? Le 7ᵉ de marche ne donnera donc jamais?

Mais bientôt le doute ne fut plus possible. Quand l'artillerie, les équipages et les fourgons d'ambulance eurent défilé et que nous fûmes engagés dans le village de Roches, les habitants de ce petit pays nous certifièrent que notre marche nous éloignait diamétralement de l'ennemi. Et ces gens ajoutaient même en riant : Eh bien! jusqu'à présent nous en avons tué plus que vous de ces Prussiens!

Ils ne disaient que la simple vérité.

Au sortir de Roches, nous commençâmes, du reste, à rencontrer des campements de chaque côté de la route. Evidemment l'armée se trouvait concentrée, et le mouvement accompli ce jour par notre division avait pour but de s'étendre depuis la forêt de Marchenoir jusqu'à Mer, afin de s'opposer à la marche de l'ennemi dont le projet, disait-on, était de couper en deux l'armée de la Loire, en prenant d'abord à revers la portion située sur la rive droite, puis passant le fleuve à Blois, en battant ensuite l'autre moitié échelonnée sur la rive gauche, depuis Blois jusqu'à Vierzon, et dont le quartier général était alors à Salbris.

Enfin, après avoir traversé Roches, Talcy et Villexanton, nous venions nous arrêter devant Maves, gros village d'un millier d'habitants, situé à vingt kilomètres de Blois.

Malgré cette assurance que notre marche servait la cause générale, l'on ne pouvait s'empêcher de regretter la forêt, ni surtout de jalouser le 5e chasseurs qui avait repris notre position.

— Ceux-là auront vu l'ennemi depuis longtemps, disions-nous, que nous en serons encore à nettoyer nos culasses mobiles !

En effet, le lendemain ou le surlendemain, les avant-postes de la forêt de Marchenoir ayant été attaqués par un parti des uhlans, une compagnie du 5e chasseurs les repoussa avec une vigueur qui leur fit bientôt rebrousser chemin de toute la vitesse de leurs chevaux.

— Ce 5e chasseurs, disions-nous, quelle chance ! en voilà une chance !

## XXIII

LE BIVOUAC DE MAVES.

Notre nouveau bivouac était loin, en effet, de valoir celui que nous quittions.

Campés dans la boue, en rase campagne, sans autre abri contre le vent glacial et le froid survenu tout à coup que nos minces toiles de tentes, la situation commençait à devenir triste.

Que faisait-on-là ? qu'y devait-on faire ? Le découragement commençait à nous gagner.

Chaque jour, nous apprenions quelque nouveau désastre, quelque nouvelle défaite, partielle ou générale. En finirions-nous? serions-nous un jour vainqueurs? Sans doute, mais que de peines, que de maux à endurer auparavant! quelle énergie il nous faudrait!

Le nom d'un homme, heureusement, soutenait notre moral, et quand ce nom venait à être prononcé, chacun reprenait courage, disant : Nous vaincrons !

Ce nom résumait, pour nous : le patriotisme, la bravoure, les gloires militaires, une tactique et une stratégie incomparables, et enfin une armée de 150,000 braves, qui tenait en échec les meilleures troupes et le plus habile général de la Prusse. Ce nom, le voici : *Bazaine*.

Quand nous avions dit : Bazaine, nous avions tout dit.

Peines morales et douleurs physiques disparaissaient au seul nom de *Bazaine*. Du manque de nouvelles, du souci de nos familles, des rudes étapes, des pénibles épreuves, des bivouacs malsains, il n'était plus question quand on disait : *Bazaine* !

— Mais nous venons d'être battus à Artenay, à Orléans ! faisaient les gens chagrins.

— Soit! mais *Bazaine* est là-bas, dans Metz, avec 120,000 de nos meilleurs soldats encore valides !

— Mais les Prussiens font chaque jour un pas en avant; hier ils étaient à Rambouillet, aujourd'hui ils sont à Chartres. Au nord, au sud, à l'ouest, ils gagnent chaque jour du terrain.

— D'accord, mais *Bazaine* leur coupera la retraite quand le moment sera venu !

— Ces Allemands remportent constamment de nouvelles victoires.

— Que *Bazaine* changera, n'en doutez pas, en une effroyable déroute.

Et toujours, et sans cesse, à chaque objection, l'on répondait par ce nom : *Bazaine* !

*Bazaine* était notre soutien, notre appui, notre plus ferme espoir; nous croyions en lui comme en Dieu.

Et voici que tout à coup, le 31 octobre, on vint nous dire : *Bazaine* a capitulé !

Ce fut d'abord une vague rumeur, à laquelle personne ne voulait ajouter foi.

— Qui aura inventé cela? disait-on.

— Parbleu! les Prussiens à bout de ressources ! mais nous les connaissons, eux et leur duplicité traditionnelle.

— C'est une fausse dépêche, comme ils en ont tant fabriqué depuis le commencement de la guerre!

— Et puis, un semblable événement pourrait-il être ignoré du gouvernement de la Défense nationale? On nous en ferait part; on nous doit bien cela. Et à chaque affirmation plus accentuée, chaque détail plus précis, apportés on ne sait d'où, par des marchands de bestiaux, des colporteurs ambulants, des espions peut-être, on se raidissait contre ces bruits, et l'on refusait d'y ajouter foi, tellement on appréhendait la certitude.

Lorsqu'enfin, le 2 novembre, comme nous revenions de grand'garde, harassés d'une nuit sans sommeil, glacés par un vent qui nous figeait le sang jusque dans la moelle des os, les camarades nous dirent à notre rentrée au camp, d'un air si simple qu'il en était terrible : Bazaine a trahi, vous savez? Allez au village, vous verrez les affiches.

On s'en fut, tout courant, jusque sur la place de l'Église, et là, contre les murs de la mairie, se trouvait la proclamation de Gambetta.

Deux à trois mille soldats de toute arme, de tout grade, de tout corps : mobiles, infanterie, chasseurs, dragons, encombraient cet endroit, et sans cesse ce monde se renouvelait.

Quand les uns avaient lu, il faisaient place à d'autres, et se retiraient pâles et silencieux. Enfin il fallut bien y croire. La protestation indignée de Gambetta ne nous laissait plus l'ombre d'un doute.

Ceux qui, déjà au courant de la terrible nouvelle, accouraient des bivouacs d'alentour demandaient avant de lire : Est-ce vrai? et l'on baissait la tête sans répondre. D'autres s'écriaient : Vous en avez menti, c'est faux, Metz n'est point rendu, Bazaine n'est pas un traître! Mais on était tellement accablé que l'on ne songeait nullement à relever ces insultes.

Et quelques instants après, s'étant rendu compte par

eux-mêmes, ils revenaient, les larmes dans les yeux et secouant la tête, puis ils regagnaient leurs bivouacs, les bras ballants, sans rien voir.

Ah ! que nous avons souffert ce jour-là !

Des officiers de mobiles s'écriaient : C'est fini ! nous sommes une nation perdue, à quoi bon lutter ?

Quant à la masse des soldats, qui avait tant crié précédemment, à chaque insuccès : Trahison ! trahison ! elle se refusait à croire à celle-ci.

— Bazaine, notre ami ! Bazaine, notre père ! ce n'est pas possible !

Mais plusieurs, qui étaient allés au Mexique et avaient assisté au drame de Queretaro, ne s'étonnaient pas outre mesure de ce final inattendu.

Alors, qu'est-ce que nous allons devenir ? et ainsi, les pieds dans la boue glaciale, inertes, malgré le froid terrible, nous nous regardions en silence, avec stupeur.

Il nous semblait que le ciel terne et gris allait fondre sur nos têtes, et que notre dernier jour était venu. Les 250,000 Prussiens de Frédérick-Charles, et lui même à leur tête faisant jonction avec les 60,000 Bavarois de Von der Tann, n'allaient-ils pas nous tomber bientôt sur les flancs, comme une épouvantable averse ? Comment leur résister ? Avec quoi ?

Alors à ce penser, une rage folle s'emparait des uns, et ils parlaient de déserter en masse. Des anciens soldats disaient tout haut qu'ils se refuseraient à faire un pas de plus.

D'autres, au contraire, résignés, songeaient simplement à mourir, quand l'instant serait venu, car il nous semblait impossible de résister à des masses pareilles.

Quelques autres encore s'écriaient en courant par les

rues du village : Ah ! la paix ! nous voulons la paix, la paix honteuse, s'il le faut.

— Assez de ces guerres, assez de ces massacres, où l'on vous traîne à la boucherie, vendus à l'avance comme des moutons !

Et toutes les méfiances se réveillaient terribles.

— Parbleu ! tous ces généraux bonapartistes étaient d'accord ! On nous a fait traîner sur toutes les routes, et dans la boue, afin de laisser à Bazaine le temps de jouer son infâme comédie, et vous verrez, on attendra, pour nous faire marcher sur Orléans, que Frédérick-Charles y soit arrivé.

— Si encore on venait à notre secours ! Mais les gens qui nous entourent ne sont-ils pas égoïstes pour la plupart, et ne nous traitent-ils pas plutôt en ennemis qu'en frères ?

Et en effet, la veille, durant notre grand'garde, les gardiens du château de Villier n'avaient-ils pas, selon les ordres de leurs maîtres enfuis à l'étranger, refusé du pain à des soldats français : sentinelles isolées commises à la défense de cette même propriété.

Ces châtelains, selon le dire des paysans, avaient même donné l'ordre de tout refuser aux Français et d'accueillir, à portes ouvertes, les Prussiens dès leur arrivée dans le pays.

Etait-ce vrai? Peut-être. Dans tous les cas, ces récits et ces accueils n'étaient pas faits pour ranimer les esprits et les courages.

Les officiers ne disaient rien, ils se promenaient, sombres, dans les camps, laissaient parfois échapper tout haut des espérances d'armistice, de conciliation, de paix même.

## XXIV

ENTRE VILLETROCHE ET PONTIJOU.

Sur ces entrefaites, le lendemain matin, 3 novembre, à dix heures, nous levions le camp pour aller nous établir à trois kilomètres plus loin, contre la ferme de Villetroche, entre Maves, Pontijou et Villetard ; les bruits les plus contradictoires circulaient toujours, néanmoins la probabilité d'un armistice de vingt et un jours prenait une certaine consistance.

Aussitôt à Villetroche, M. Galimard, sans doute en vertu d'ordres supérieurs, nous avait fait aligner les faisceaux et dresser les tentes avec une précision mathématique tout à fait inusitée.

— On restera quelques jours en cet endroit, nous avaient dit nos chefs de compagnie, et matin et soir des exercices auront lieu.

En effet, le soir même, après avoir installé le camp, confectionné les cuisines et couru nous approvisionner de paille à Villetard, on commençait, sous les ordres de l'adjudant-major Campion, l'école de bataillon que la plupart de nos jeunes soldats ignoraient complétement.

Le 4 novembre, on s'occupa aussi chez nous de dédoubler les compagnies et de procéder à la nomination des cadres nécessaires, — il était bien temps !

M. Truchy vint alors prendre le commandement de la première compagnie, conservant M. Harinthe sous ses ordres, et M. Huguel garda pour lui seul la direction de la deuxième compagnie.

On agitait plus que jamais les chances probables ou contraires d'un armistice, lorsque le 5 novembre, pour achever notre désarroi, survint tout à coup la nouvelle des troubles du 31 octobre dans Paris. Ce fut le coup de grâce.

Alors chacun se crut perdu, et ce qu'il nous fallut entendre sans écouter, écouter sans vouloir entendre, ouïr, subir, de raisonnements impossibles, idiots, absurdes et néanmoins justifiés par les événements, je vous en fais grâce.

Néanmoins sur un seul point, tout le monde fut d'accord :

Jeter l'anathème sur les misérables qui, faisant le jeu de la Prusse, avaient paralysé les efforts de la défense, et flétrir des épithètes les plus énergiques ces mauvais citoyens qui préféraient au salut de la patrie le triomphe de leur minorité turbulente.

D'ailleurs, les Félix Pyat, Raoul Rigault et consorts semblaient de bien tristes sires à ceux-là mêmes qui rêvaient la guillotine en permanence pour châtier les traîtres et la confiscation des biens pour punir les riches, déserteurs de leurs foyers, et les cocodès, réfractaires à la mobile.

Et ces exaltés de bonne foi qui souhaitaient des Danton, des Robespierre et des Saint-Just ne se gênaient pas pour souffleter d'expressions dérisoires la personnalité des Raoul Rigault et Félix Pyat, déjà nommés.

— « Ce n'est pas le moment de régler les comptes, disaient-ils; plus tard, quand les Allemands seront vaincus, l'on s'en occupera, mais désormais il faut marcher en avant, et ceux qui nuisent à la défense de Paris pour satisfaire leurs rancunes sont aussi méprisables que les traîtres.»

Au moins ces gens faisaient-ils passer leur soif de vengeance — explicable au surplus — après le salut de la patrie, et s'ils songeaient à la punition des fuyards, riches ou pauvres, ils voulaient avant tout la défaite de l'étranger.

Les gens du 31 octobre, pour expliquer leur soulèvement, avaient beau crier de toutes leurs forces à la trahison de Trochu, ces subterfuges n'obtenaient pas le moindre crédit dans l'armée de la Loire, et autant les soldats accusaient à tort et à travers — sauf Mac-Mahon pourtant! — tous les généraux favorisés sous l'empire et connus pour avoir été dans les bonnes grâces de Napoléon III, autant ils mettaient confiance en Trochu qui, malgré son mérite et ses talents, avait toujours été tenu à l'écart durant l'ère impériale.

Ils étaient persuadés au contraire que les hésitations du gouverneur de Paris provenaient des embarras intérieurs, suscités continuellement par ces mêmes héros du 31 octobre. Et, pour tout dire, les gens de Belleville jouissaient parmi nous d'un mépris sans égal, à ce point que, pour désigner un mauvais soldat, il n'était point d'expression plus accablante que celle-ci : *tirailleur de Belleville*. Ce mot était devenu l'équivalent des plus grossières injures, et il faillit même amener plusieurs fois de sérieuses querelles.

Quoi qu'il en soit, Trochu était, à cette époque, considéré dans l'armée de la Loire à l'égal de Gambetta, et on le regardait même comme le sauveur de la patrie, si la patrie pouvait encore être sauvée par les armes.

Peut-être bon nombre de soldats, par suite de la

reddition de Paris, ont-ils changé d'avis, mais à l'histoire seule il appartient de fixer chacun sur le [compte de cet homme.

Néanmoins, si quelques-uns parlaient encore de continuer la lutte, d'autres survenaient.

— Quoi! marcher en avant?

— Que voulez-vous faire, ne sommes-nous pas vendus à l'avance?

— Nos généraux ne sont-ils pas tous achetés?

— Pourquoi restent-ils constamment invisibles?

En effet, depuis notre départ de Tours, le bataillon n'avait pas vu un seul général. Il fallait être sous-officier de planton pour en apercevoir un.

— Ils feront semblant de livrer bataille et nous laisseront tuer en masse ou faire prisonniers.

— Puis on enverra pourrir ceux qui en réchapperont dans les citadelles de Kœnisberg et de Dantzig!

— Que faisons-nous ici? Pourquoi ne sommes-nous pas encore à Orléans?

— Pourquoi avons-nous pris telle route et non telle autre?

Et comme le moindre mouvement était discuté, commenté, dénaturé dans les camps, la méfiance envers les généraux augmentait sans cesse.

Envoyait-on une division à droite, elle eût dû marcher à gauche.

Revenait-elle sur ses pas, on la faisait fuir devant l'ennemi sans livrer combat!

S'agissait-il d'une marche en avant? trahison! d'une reconnaissance, trahison! d'un bivouac permanent, trahison! d'une halte, trahison.

Partout on voyait la trahison, et le découragement

commençait à passer du cœur des soldats dans celui des officiers.

Les généraux, à l'aspect de leurs troupes indécises, se sentaient pris à leur tour de graves inquiétudes. Quelle contenance tiendraient devant l'ennemi ces bataillons hétérogènes, raccolés de tous les points de la France, sans foi les uns dans les autres, ne se connaissant pas, doutant des autres et d'eux-mêmes, armés différemment, vêtus et chaussés bien ou mal, plutôt mal que bien, et surtout découragés, découragés par ces revers inouïs et sans précédents?

Pouvaient-ils les disposer en tel ou tel ordre? Non sans doute, et l'appréhension de voir, pour ces causes diverses, avorter tels ou tels plans, leur en faisait peut-être concevoir de nouveaux moins efficaces.

Néanmoins, chacun restait dans le devoir, à cause de la discipline.

La loi martiale fonctionnait dans toute sa rigueur, et chaque jour les troupes en percevaient l'application retentissante. Pour la moindre chose on fusillait. Ainsi, tout déserteur repris était fusillé impitoyablement. Un maraudeur surpris en flagrant délit était fusillé; pour une poule volée, on fusillait; pour un chou volé, on fusillait. Un coup de poing de caporal à sergent était puni par la fusillade. Et cette pénalité rigoureuse, planant comme une terreur sur l'armée de la Loire, y maintenait la discipline de fer, introduite par le général de Paladines.

Il ne faut pas s'y tromper, la discipline fait les héros. Si les Allemands nous ont vaincus, ce n'est point grâce à leur excessive bravoure, mais bien à leur discipline implacable.

Mais, dira-t-on, la discipline poussée à ce point est la négation de toute individualité et de tout courage personnel? On étouffe un peuple sous le militarisme, et l'on enrégimente son génie!

A cela, que répondre? La question est brûlante, et vaut à elle seule de graves discussions et de longs volumes, aussi n'est-ce point le cas de s'en occuper ici.

Néanmoins la discipline est l'âme d'une armée, cela est un axiome indiscutable, et du moment où l'inexorable nécessité, contraint un pays à l'entretien de nombreuses armées, elle oblige ces mêmes armées à une discipline d'autant plus terrible qu'elles sont plus nombreuses.

La discipline maintenait donc l'armée de la Loire et d'ailleurs, la certitude d'un armistice, précurseur de la paix, s'accréditant chaque jour davantage : chacun disait : Encore un peu de patience, et notre supplice va finir.

Car les plus résolus, les plus patriotes, ceux dont l'ambition de l'épaulette n'était pas l'unique mobile, considéraient la partie comme perdue, et se disaient : chaque jour de guerre, ne pouvant qu'amonceler de nouvelles ruines sur le sol de la patrie, il faut souhaiter la paix.

## XXV

LA CANONADE DE SAINT-LAURENT-DES-BOIS.

Le matin du 7 novembre nous trouva ainsi discutant comme de coutume. L'armistice était signé, disait-on, et nous allions retourner à Blois, pendant vingt-et-un jours, puis reprendre, une fois la paix conclue, la route d'Equerchin, où nous serions désarmés. Chacun, comme toujours, disait son mot, émettant un avis contraire.

L'un voulait retourner chez lui par telle route, l'autre par telle autre.

— Oh! moi, j'irai à pied.

— Moi, en chemin de fer, et je passerai par Paris.

— Vous oubliez, mon cher, que les voies sont coupées et les ponts effondrés.

— Eh bien! on ira à pied, voilà tout. D'ailleurs, pourquoi nous désarmerait-on à Douai? Croyez-vous pas que la France est trop riche pour que l'on nous envoie au diable porter nos fusils? On licenciera les troupes dans leurs cantonnements mêmes, parbleu! Nous autres, serons désarmés à Blois.

— Alors vous croyez que nous partirons de Blois?

— Sans aucun doute.

— Tant mieux!

Puis l'on se taisait, chacun content d'en finir et cependant humilié au fond du cœur.

— S'être donné tant de mal, reprenaient quelques-uns, et finir ainsi!

— Ah! quand les Prussiens nous verront passer dans nos uniformes et désarmés, comme ils riront!

Et chacun songeait à s'acheter une défroque au hasard, ne voulant pas s'exposer à la risée des vainqueurs. Puis tous pensaient en silence à l'accueil du pays, du village où l'on reviendrait si tristes, si humiliés, sans s'être même battus!

Nous étions donc ainsi, vaguant de ci de là devant le front de bandière, les uns inspectant les marmites où cuisait la soupe de midi, les autres surveillant les distributions, d'autres encore fourbissant des armes désormais inutiles, causant tristement enfin, lorsque tout à coup il se fit un grand silence.

On venait d'entendre de sourdes détonations.

— Ecoutez, écoutez, fit-on de toutes parts, c'est la fusillade!

En effet, bientôt les détonations, se succédant rapides et avec ensemble, ne nous laissaient plus l'ombre d'un doute. On distinguait même par intervalles le bruit du canon, dominant la mousquetade, puis le ronflement des mitrailleuses. Le combat avait lieu dans la direction de Marchenoir.

Et tous alors de se regarder en silence avec stupéfaction, puis subitement et avec de joyeux éclats de rire : Eh bien! voilà l'armistice!

— Entendez-vous, là-bas, on signe la paix!

— Les plumes sont mauvaises, elles crachent!

Et comme la canonnade devenait plus violente :

— Tenez, tenez, Bismarck appose sa griffe!

— Oh! ce coup-là, c'est la *patarafe* du vieux Guillaume!

En un instant, avec la mobilité du caractère français,

on était passé de la surprise désagréable à la joie la plus vive, des idées de paix au désir ardent et absolu de la guerre. Ce n'étaient plus que plaisanteries et boutades.

A vrai dire, chacun en avait assez de ces longues étapes, de ces bivouacs dans la boue, de ces nuits d'insomnie, où l'on était obligé de courir par le camp afin de se réchauffer un peu, et l'on préférait les dangers de la bataille à ces épreuves, car le plus pénible à la guerre n'est point la guerre elle-même, mais toutes les souffrances qui précèdent ou suivent la bataille.

Néanmoins, au fond du cœur, un bien petit nombre espérait la victoire. L'on se défendrait à outrance, on ferait son devoir; mais quel résultat espérer avec des troupes mal unies et dont chacun de nous ne savait au juste l'effectif, contre des masses admirablement armées et disciplinées?

Puis les dispositions que nous voyions prendre n'étaient pas faites pour nous rendre confiance.

Sans doute, les estafettes parcouraient la plaine en tous sens, les reins pliés, galoppant à bride abattue, les uns sur la route de Marchenoir, les autres vers Blois, mais aucun mouvement de troupes ne se dessinait.

Pourtant, vers onze heures, l'ordre d'abattre les tentes, de faire les sacs et de se tenir prêts arriva soudain. Ce fut fait en un clin d'œil.

Mais, tandis que la canonade et les feux de peloton continuaient avec des intermittences d'accalmie, nous attendions toujours, trottinant sur l'emplacement du bivouac, afin de nous réchauffer, sans recevoir l'ordre du départ.

— Mais que fait-on?

— A quoi pensent nos généraux?

— Comment, nous restons là tranquillement, tandis qu'à trois ou quatre lieues les autres s'échinent?

— Et l'on dira encore cette fois, comme toujours, que les Prussiens nous ont surpris et écrasés, quand il suffirait de faire avancer la moitié de ce qui grouille dans cette plaine pour changer ce combat en une victoire décisive! Ah! quelle infamie, mon Dieu!

— Que voulez-vous? l'état-major ne sait peut-être pas la route, disaient quelques-uns.

Enfin, vers cinq heures, comme les derniers échos de la canonade arrivaient de plus en plus affaiblis, l'ordre du départ arriva. En un instant, le bataillon était en marche, en colonne, défilant, le chassepot sur l'épaule droite, devant le 31$^e$ de marche rangé en bataille, l'arme au pied, et attendant pour prendre notre suite. Comme toujours, ils nous accablaient de lazzis.

— Ne les mangez pas tous, au moins.

— Après vous, s'il en reste.

— Soyez tranquilles, ces bêtèts-là c'est comme des fourmis, quand il n'y en a plus, il y en a encore!

Nous marchions du reste en très-bon ordre, quatre par quatre, les sous-officiers sur le flanc, à hauteur de leurs sections, et les officiers à la tête des compagnies.

On descendit jusque dans Pontijou pour tourner à droite. Nous étions bien décidément sur la route de Marchenoir, dans la direction même du combat, et chaque pas nous rapprochait du champ de bataille. Nous avions grand'peine à avancer néanmoins, à cause des pelotons de cavalerie, des batteries de mitrailleuses, des caissons, des prolonges chargées de gargousses, qui marchaient côte à côte avec nous. Tantôt c'était un officier d'état-major qui, au grand trot de son cheval, faisait refluer tout cela sur les bas-côtés de la route, et nous nous trouvions ainsi jetés dans les fossés ; tantôt l'artillerie s'arrêtait, et l'on allait donner du nez contre une mitrailleuse, ou bien la flèche d'un caisson venait enfoncer votre sac, et, à chaque instant, nouveaux temps d'arrêt, nouvelles fatigues.

Or nous étions tous chargés comme des mules, car on nous avait distribué pour plus de cinq jours de vivres et la provision de cartouches avait été renouvelée. Mais, pis que tout cela, la nuit tombait : nuit noire bientôt, qui allait rendre impossible la moindre opération et nous contraindre à bivouaquer en pleins champs, en désordre, les rangs déjà rompus.

Il faudrait se laisser tomber n'importe où, peut-être sous les roues d'une voiture, sous le ventre d'un cheval, et endurer la nuit froide sans avoir mangé, car, pour comble de bonheur, dès le midi, en faisant lever le camp, on avait donné l'ordre de renverser les marmites, en sorte que, quoique surchargés de vivres, nous n'avions rien dans l'estomac.

D'ailleurs, le combat était terminé ; l'on n'entendait même plus un coup de canon.

— Allons ! disaient quelques-uns des plus découragés, les autres sont massacrés, c'est demain notre tour.

— En détail, quoi ! en détail ! c'est un mot d'ordre.

— Comme si l'on n'aurait pas pu nous faire partir ce matin !

— Pourrons-nous le dire au moins, pourrons-nous le dire, si nous en revenons, pourquoi la bataille d'aujourd'hui aura été perdue ?

— Est-ce assez clair, nous a-t-on assez fait droguer toute la journée, au lieu de nous envoyer là-bas?

Et tout à coup, comme pour donner raison à ces affolés, les clairons se prirent à sonner : En retraite!

Il fallait faire volte-face, sans autre explication et retourner sur ses pas.

Alors, sans exception, chacun de nous se dit : L'affaire est claire, nous sommes encore battus. Eh bien! quoi, c'est fini. Il faudra mourir quand notre tour viendra, voilà tout!

Quelques officiers semblaient consternés, et M. Huguel, lui-même, qui jusque-là nous avait toujours soutenu de son courage inébranlable, parut singulièrement décontenancé.

La nuit était tout à fait venue, mais nous n'avions qu'à suivre la route; bientôt nous étions de retour à Pontijou, bientôt même à Villetroche.

Tous les corps de la division reprenaient leurs bivouacs de la nuit dernière, le 7e de marche comme les autres.

— Ah! c'est fini, tout est perdu! disait-on en mettant les sacs à terre.

— Au contraire, fit tout à coup M. Huguel, revenu de prendre les ordres auprès du commandant, au contraire, tout est gagné, le général Barry l'envoie dire. Le combat s'est livré à Saint-Laurent-des-Bois, en avant de la forêt de Marchenoir, les Prussiens sont en fuite et nous occupons le terrain.

— Vive la France! Vive la République! cria-t-on, et alors, avec un entrain merveilleux, chacun ne songea plus qu'à s'occuper du repas du soir, unique ce jour-là.

Puis, comme le tour de grand'garde de la 2e compagnie était arrivé, on nous envoya, aux lieu et place de la première, dans Villetard, notre séjour préféré.

M. Huguel, après avoir établi nombre de petits postes à droite et à gauche dans la campagne, en avant du village, nous ordonna de faire d'heure en heure des rondes et des patrouilles, et, malgré la fatigue, on se soumit de bon cœur, car cette fois l'ennemi était bien proche, et, après avoir fait une feinte sur la forêt de Marchenoir, dans la pensée que nous dégarnirions notre ligne de Marchenoir à Blois, il pouvait fort bien, suivant son habitude, fondre sur nous à l'improviste, pendant la nuit, pour gagner Blois par Josnes, Cancriers, Serizy et Villexanton, et couper en deux cette armée de la Loire qui venait ainsi de révéler tout à coup sa présence, mais dont cependant ni Prussiens, ni Français surtout, ne soupçonnaient encore, ce soir-là, 7 novembre, ni la force, ni l'organisation, ni la puissance.

## XXVI

### LA MARCHE FORCÉE DU 8 NOVEMBRE.

Comme cinq heures du matin venaient de sonner, un chasseur arriva soudain, de toute la vitesse de ses jambes, nous apporter l'ordre de nous rendre au camp. Le bataillon se remettait en marche.

Malheureusement, cet ordre était difficile ou plutôt impossible à exécuter à la lettre. Jugez-en plutôt. Apporté à cinq heures un quart, il disait : Soyez à Villetroche à cinq heures.

Or, indépendamment de ce quart d'heure de différence, restait encore à parcourir la distance de Villetard à Villetroche.

Puis, il fallait aussi réunir les hommes de la grand'-garde, disséminés en petits postes ; en outre, démonter les tentes, refaire les sacs dans l'obscurité la plus complète, sans rien oublier, ni des munitions, ni des vivres, puis, enfin, reformer les escouades, les subdivisions et les sections, toutes choses difficiles avec des troupiers français, sans cesse criant et sacrant ; aussi, quand nous arrivâmes sur l'emplacement du bivouac de Villetroche, le bataillon était-il déjà loin.

Le vaguemestre chargeait les dernières cantines des officiers sur les trois voitures réglementaires. Il nous indiqua la route à suivre, tout en refusant de prendre aucun sac, ayant reçu, affirmait-il, des ordres formels, attendu l'imminence d'une bataille dont les suites rendaient difficile à préciser le campement de chaque corps.

Aussi, les plus éclopés et les plus souffreteux se le tinrent-ils pour dit, et, comme les autres, continuèrent courageusement leur marche.

Elle fut rude, je vous assure, et la journée qui commençait devait compter parmi les mémorables de cette campagne.

Après une heure et demie d'une course éreintante, d'une véritable course au clocher, après avoir traversé Maves, notre avant-dernier bivouac, avoir dépassé les rangs serrés d'infanterie de ligne, ce qui nous obligeait, sur ces mauvaises routes rocailleuses et défoncées, à jouer des coudes pour nous frayer un passage; cent fois poussés dans les ornières; éborgnés par les bâtons de tentes dépassant l'alignement, ou jetés brusquement sur le canon des fusils, placés en travers des épaules, nous arrivions enfin à hauteur de notre première compagnie, comme les clairons sonnaient la pause.

Il était temps; la plupart d'entre nous ne pouvaient plus souffler.

Quelle étape, mon Dieu! quelle étape! Ceux qui l'ont faite s'en souviendront longtemps.

Il fallait suivre constamment des chemins de traverse, sillonnés d'ornières profondes, tantôt surplombant les terres labourées, tantôt profondément encaissés et tellement rocailleux que, parfois, l'on se fût imaginé marcher au fond d'un ravin; puis, tassés les uns contre les autres, nous nous heurtions sans cesse, ce qui augmentait encore la fatigue. Et point de haltes, jamais de pauses; nous marchions sans relâche!

Parfois l'on se détournait un peu afin de voir ce qui suivait, et nous apercevions alors une colonne profonde, mais dont il eût été difficile de préciser le chiffre. Certes, elle était imposante; mais était-ce là toute l'armée de la Loire? Une division seulement. Où donc étaient les autres?

Quand parfois l'on traversait un village, quelques-uns, pour calmer la fièvre de cette marche, demandaient aux paysans un simple verre d'eau, et revenaient tout de suite, sans un avertissement, reprendre leur place dans le rang. Les paysans offraient parfois du vin, en disant : Ils sont là, de l'autre côté de la forêt!

Et les femmes, les vieilles surtout, nous regardaient tout attristées, songeant à leurs enfants, sans doute, qui devaient, comme nous, traîner la jambe sur quelque route de France.

— C'est bon! c'est bon! répondait-on à ces gens, nous les verrons bientôt, vos Prussiens! Et l'on continuait à marcher sans un mot, sans une plainte.

De pauvres conscrits, des engagés volontaires de dix-sept ans, des enfants presque, pliant sous le faix, les pieds ensanglantés, avançaient en se traînant péniblement et marchant sur les côtés du chemin afin de ne point gêner les autres.

Alors, comme il était visible que ces pauvres malheureux n'en pouvaient plus : — Restez là, leur disait-on, restez là, puisque vous ne pouvez plus avancer. Il y a des voitures d'ambulance, après tout!

Mais eux, sans répondre, pleurant de rage et de douleur, les mains crispées contre la crosse de leurs fusils, se prenaient à courir en boitant, pour rejoindre leur rang, et un moment après, dépassés de nouveau, recommençaient encore.

Ce qu'ils souffraient, eux seuls pourraient le dire.

Mais n'avait-on pas affirmé que la bataille se livrerait ce jour-là ?...

Bientôt on entra dans la forêt de Marchenoir, — célèbre pour nous, — et ce fut bien pis alors.

Des percées avaient été faites pour l'infanterie, et il nous fallait suivre ces chemins improvisés, butant à chaque pas contre les souches cachées sous les feuilles ou les troncs d'arbre coupés au ras du sol.

Enfin, comme nous venions de rentrer dans une grande allée, et que personne n'y comptait plus, les clairons sonnèrent la grand'halte.

Il était midi, et nous marchions depuis cinq heures du matin sans autre temps d'arrêt qu'une pause de dix minutes, aussi cette halte fut-elle acclamée.

Le général nous accordait une demi-heure pour faire le café, ce qui était bien, mais par malheur il ne se trouvait d'eau nulle part le long de cette avenue, et comme l'on ne pouvait s'éloigner sous le moindre prétexte, il fallut bien se priver de moka.

Quelques-uns mangèrent, mais le plus grand nombre, qui n'avait rien, serra son ceinturon d'un cran.

Durant cette grand'halte, les chasseurs à cheval passaient et repassaient au galop, nous criant : Les voilà, ils arrivent! la danse va commencer!

Les officiers d'état-major les suivaient ou les précédaient, se rendant auprès de leurs généraux; enfin à ce je ne sais quoi indescriptible dont ceux-là seuls qui l'ont vu peuvent se rendre compte, chacun pressentait l'approche d'une grande bataille.

Il était trop tard pour penser qu'elle eût lieu le jour même; mais les combats d'avant-poste, précurseurs ordinaires des grands mouvements stratégiques, n'allaient sans doute pas tarder à commencer.

La grand'halte terminée, l'on se reforma en colonne, et l'on continua à s'avancer dans l'avenue. Des prolonges chargées de poteaux télégraphiques marchaient au milieu de nous, ce qui, tout en nous gênant, nous paraissait fort bien entendu.

— Au moins le résultat de la bataille serait plus vite connu dans toute la France !

Et cette précaution d'emporter des fils télégraphiques nous semblait d'un heureux augure.

Puis, comme l'on approchait de l'extrémité de la forêt, on rencontra la voiture du général Barril encombrée de deux personnages importants.

Ah! ah! fit-on, le général renvoie son secrétaire et son cuisinier. Messieurs, c'est le moment du coup de feu. Ça va chauffer!

Et, heureux de cette boutade, chacun se prit à rire. Le cuisinier, — un bon gros troupier de la ligne, — tout fier de cette ovation, saluait de droite et de gauche d'un air tout réjoui; quant au secrétaire, — un moblo, — prudemment retranché entre les coussins de la voiture, il riait jaune.

Enfin, nous étions arrivés à l'extrémité de la forêt. Devant nous la plaine s'élevait en dos d'âne, et l'on apercevait au loin, sur le sommet de la colline, la silhouette de nos tirailleurs se détachant sur le fond du ciel gris, mais il était impossible de rien voir autre chose.

A gauche de l'avenue, sur la lisière de la forêt, se tenait, entouré d'un nombreux état-major, le général Barril, le coude levé, sa canne en l'air, droite contre le nez, et il regardait ainsi, penché sur le cou de son cheval, sans dire un mot, les mouvements de troupes qu'il avait prescrits et qui s'exécutaient en avant de lui.

Le simple aspect de ce général dans son attitude calme commença à nous rendre confiance; mais, encore quelques instants, et ce devait être bien autre chose.

Le bataillon, une fois sorti tout entier de la forêt, M. Galimard commanda par sections d'abord, puis ensuite par divisions en ligne, et enfin, quand nous fûmes ainsi formés par divisions à demi-distance très-correctement alignés, il cria : Repos !

On fut donc libre de mettre sac à terre et de s'asseoir dessus, mais avec défense expresse de faire un pas en avant ou en arrière.

Le 31e de marche s'était établi à notre gauche, également par divisions à demi-distance, et à notre droite venait se ranger une batterie d'artillerie.

Ces manœuvres s'exécutaient du reste avec le plus grand calme et le plus grand ordre et dans un silence religieux que troublaient seuls les commandements brefs des officiers, les hennissements des chevaux, les croassements des corbeaux et le roulement sourd des caissons et des pièces d'artillerie.

Le moment qui précède les grandes batailles est toujours empreint d'une telle solennité que chacun, malgré soi, faisant un retour sur les événements d'ici-bas, garde, — à son insu peut-être, pendant quelques minutes, le plus profond silence.

Mais, au contraire des soldats, les chevaux hennissent à l'approche du danger, qu'ils flairent parfaitement, et les préparatifs d'une grande bataille ne leur échappent point.

Quant aux corbeaux, chacun le sait, il suivent les armées en marche, afin de picorer les cadavres, et font entendre des croassements interminables.

Néanmoins, notre mutisme dura peu, et bientôt les conversations reprirent, chacun communiquant ses impressions à son voisin, tout en regardant à droite et à gauche le spectacle inattendu qui s'offrait à ses yeux.

En arrière de nous débouchaient à la fois, par toutes les issues de la forêt, des colonnes profondes qui, après s'être, comme nous, portées en ligne, allaient s'établir en bataille à droite ou à gauche.

Et quand nous croyions le défilé terminé, cela continuait encore, et toujours, et toujours.

Cette forêt de Marchenoir, comme une gigantesque boite de Robert-Houdin, semblait devenue inépuisable.

On voyait des régiments de mobiles qui, après avoir fait huit ou dix lieues, presque nu-pieds, vêtus de mauvaises vareuses, les bras coupés par des ficelles, faute de bretelles de sacs et de fusils, venaient se masser en réserve derrière nous, sans tumulte et dans l'ordre le plus parfait.

Et à chaque nouvelle troupe, nouvelles exclamations joyeuses de notre part.

Alors, chacun de nous racontait les batailles auxquelles il avait assisté, et déclarait que jamais, au grand jamais, il n'avait vu dispositions meilleures, mieux ordonnées ni mieux exécutées.

Et comme il faut toujours que le Français plaisante, quelle que soit la gravité de la situation :

— Allons, mes enfants, n'oublions pas que nous sommes l'espoir de la patrie ; l'univers a les yeux sur nous, et Paris nous attend !

— Un tel, tu es l'espoir de la patrie, sais-tu ?

— Et toi aussi, mon fils; en attendant, passe-moi ton bidon, parce que, moi, j'ai l'espoir d'y trouver quelque chose !

N'importe, malgré ces plaisanteries, chacun savait bien au fond que nous étions la suprême ressource de la France, la dernière armée nationale, et que nous, vaincus, il n'était plus de résistance possible. Les Prussiens descendraient sans obstacle dans le Midi, et s'en iraient ensuite disperser tranquillement l'armée du Nord, en voie de formation.

Mais aucun de nous ne songeait maintenant à la défaite, et l'aspect de ces troupes nombreuses, manœuvrant avec cet ensemble admirable, nous rendait une confiance suprême.

En cet instant, tout le passé était oublié. Puis nous avions trop souffert, nous avions trop gagné ce terrain pied à pied, pas à pas, pour qu'il vînt à la pensée d'un seul d'entre nous de l'abandonner. Non ! l'idée d'une défaite ne nous entrait pas dans la tête.

Comme nous étions ainsi, causant et pérorant et soufflant dans nos doigts pour nous réchauffer, le général Barril survint tout à coup.

— Commandant, dit-il à M. Galimard, le général de Polhès me fait dire qu'il croit avoir devant lui des forces supérieures, vous allez donc marcher avec votre bataillon et une demi-batterie, dans la direction du château du Coudray, et il lui désigna, un peu sur la gauche, un point perdu dans la brume. Si le général de Polhès (1) est attaqué, vous vous porterez immédiatement à son se-

(1) Ce général de Polhès est le même qui commandait une brigade en Italie — 1859 — et que chacun crut atteint de cécité à cette époque.

cours, au pas gymnastique; dans le cas contraire, une fois le château dépassé, vous continuerez à marcher en bataille, droit devant vous; puis il courut au 31ᵉ de marche, donner ses ordres à M. le lieutenant-colonel de Foulonges, et ainsi de suite, à chaque chef de corps.

— A la bonne heure! disions-nous, cette fois les Prussiens ne nous flanqueront pas des obus dans la soupe!

Cette idée nous transportait: intervertir les rôles et surprendre au lieu d'être surpris nous semblait une suprême jouissance.

Enfin, quand tous les régiments, bataillons, escadrons et batteries eurent occupé leur place de bataille, on donna un signal, et tout partit à la fois.

Bientôt nous eûmes gravi le sommet de la colline, et l'horizon s'élargissant alors jusqu'à l'infini, il nous fut donné de jouir d'un coup d'œil unique.

Aussi loin que la vue pouvait s'étendre, à droite et à gauche, au travers de ces immenses plaines de la Beauce, on distinguait les divisions, marchant alignées, à intervalles de déploiement, l'artillerie entre les masses d'infanterie, et sur la même ligne. Pas un bataillon ne dépassait l'autre. On eût dit une formidable revue, telle qu'aucun champ de manœuvres n'en avait encore présenté.

Enfin! nous écriâmes-nous, frappés d'admiration à ce spectacle grandiose; enfin! voici donc l'armée de la Loire!

En effet, l'armée de la Loire montait, et si imposante dans son calme et dans sa force, que chacun instantanément fut convaincu de la victoire.

Nous pouvions d'autant mieux jouir du coup d'œil,

nous autres, que, marchant en tête de la 2e division du 16e corps, nous étions au centre de la ligne de bataille, et par conséquent un peu en arrière des ailes, qui faisaient comme les extrémités d'un arc immense.

En ce moment, nous étions payés ! Que nous importaient les marches forcées, les bivouacs, les nuits d'insomnie, dans l'eau et dans la boue ? les fusillades quasi-féroces? Nous étions debout malgré tout, et nous allions relever le vieux drapeau français !

La confiance la plus entière était revenue : d'Aurelles de Paladines nous inspirait maintenant une foi aveugle, et le seul aspect de ces troupes nous faisait comprendre que la victoire, coûte que coûte, serait à nous.

Nous l'avons eue en effet.

Enfin, nous étions enthousiasmés, mais il fallait bien cela pour nous tenir sur nos jambes, car cette marche en bataille était autrement pénible qu'il ne serait possible de l'exprimer. Nous devions avancer, en ayant toujours soin de conserver l'alignement, et cela, au travers des terres fraîchement labourées et détrempées par les pluies précédentes, où l'on enfonçait jusqu'au-dessus de la cheville, ce qui doublait le poids de nos armes et de nos bagages ; au travers des chemins encaissés, dont nous devions descendre et gravir les talus, sans perdre de vue un seul instant le point de repère, fixé tout au loin, et qui changeait à mesure que nous avancions. Or, pour des gens déjà exténués, tout cela était bien de la besogne, mais personne ne se plaignait, au contraire.

Néanmoins notre coup de collier était si rude, que le capitaine Campion nous disait, tout en guidant la marche du bataillon : Allons, mes pauvres enfants, je vous plains. Avec vos sacs, c'est dur; mais bah ! comme dit la chanson, tout n'est pas rose à la guerre, et au moins vous deviendrez des hommes. Les jeunes gens avaient besoin de cela !

Aux approches d'un village, nos éclaireurs nous le signalaient, et l'on faisait aussitôt un quart de conversion, afin de déloger l'ennemi, dans le cas où il s'y fût trouvé, puis assurés de son absence, l'on continuait à marcher droit devant soi.

Les paysans, accoudés aux lucarnes des greniers, ou même perchés sur le faîte de leurs toits, semblaient prendre à nos évolutions le plus vif intérêt, surtout en nous voyant continuer notre route, et leur physionomie disait alors clairement : Dieu merci, ils vont faire leur bataille plus loin ; ma grange ne flambera pas sous les obus !

Arrivés à la hauteur d'Ozouer-le-Marché, la division fit halte. Nous étions sans doute trop en avant, car on voyait tout au loin, maintenant perdues dans la brume, à droite vers Cravant et à gauche dans la direction de Villamblain, les deux ailes, qui continuaient à marcher.

Il était quatre heures du soir, et nos éclaireurs n'avaient pas rencontré le moindre uhlan.

— Bien sûr, ce sera pour demain, faisait-on. Comme l'on se reposait ainsi, debout et toujours alignés, mais le sac appuyé sur la carabine, à la façon des vitriers, nous reçûmes la visite d'un commandant de notre connaissance.

M. Cornu, notre ancien capitaine, venait serrer la main à ses compagnons d'armes et nous souhaiter bonne chance pour le lendemain, car vous pouvez en être certains, dit-il, ça chauffera !

Quant au capitaine Truchy, il ne pouvait retenir sa joie, en apercevant ces quantités de troupes françaises : Quelle tapotée ! quelle tapotée ! disait-il.

Eh bien, si nous n'avons pas la victoire, ce ne sera pas faute de monde !

On se remit en marche, et une heure après environ, l'on s'arrêtait proche le village de Champdry.

L'armée tout entière campait en ligne de bataille, chaque régiment gardait sa place en alignant ses tentes par divisions à demi distance, afin d'être prêt à repartir dans le même ordre, au premier signal.

Vous dire avec quel sentiment de joie l'on dressa les tentes serait impossible. Vraiment il était temps. Nous étions, pour un certain nombre, dans un bien piteux état, et, s'il eût fallu faire deux kilomètres de plus, je crois que l'on fût tombé dans les sillons.

Du reste, à peine installés, M. Galimard, par un ordre du jour, remercia le bataillon de sa tenue admirable et leva toutes les punitions.

Nous n'avions pas *un seul traînard*, et tous, sans exception, avaient porté le sac, bondé jusqu'à hauteur du képi. Nous avions même dû — crainte de ne pas trouver de bois au bivouac pour faire la soupe — en ramasser dans la forêt de Marchenoir et l'emporter sur notre dos.

Comme l'on voit, les résultats de cette étape de douze heures, sans boire ni manger, ne ressemblaient guère à ceux de l'étape d'Amboise à Blois, bien moins pénible cependant, puisque ce jour-là on avait constamment marché sur les grandes routes. Mais, en trois semaines, l'allure du 7e de marche s'était singulièrement modifiée, et les conscrits du bivouac de Tours étaient devenus maintenant de véritables troupiers.

Cependant, il faut tout dire, notre effectif était diminué de *cent cinquante* hommes entrés dans les hôpitaux, et nous comptions au moins une *quarantaine* de malades qui marchaient quand même.

Nous fîmes, ce soir-là, les six sous-officiers de la 2ᵉ compagnie, un petit souper qui ne manquait pas d'un certain «chic», et, comme depuis la veille nous n'avions pas mangé, je vous prie de croire que l'on se dédommagea.

Nous étions tellement affamés que, sans attendre le *potage*, on se jetait sur le ragoût de mouton et, après avoir dévoré des noix et du fromage blanc, on abordait enfin la soupe.

Quant au vin, il nous gelait les dents et nous glaçait l'estomac, aussi étions-nous obligés de le respecter plus que nous n'eussions voulu.

Puis c'étaient des plaisanteries interminables sur notre sort du lendemain.

Mais, loin de penser à la mort, chacun, au contraire, dictait son menu pour le souper du 9 novembre.

— Enfin, messieurs, fit Ribaillier, bien que ce vin soit tout à fait glacial, portons un toast à la santé de nos familles qui nous croient déjà mis à mal et dormons.

Ainsi il fut fait, et l'on se coucha sur quelques brins de paille, arrachés au village voisin, complétement désert, et, malgré le froid et la proximité de l'ennemi, l'on s'endormit, harassés, moulus et perclus.

## XXVII

### BATAILLE DE COULMIERS.

Le lendemain matin, à cinq heures, on abattit les tentes, et, tandis que le déjeuner s'organisait, nous faisions nos sacs avec un soin tout minutieux, rejetant au loin les choses inutiles : vieilles chaussures ou débris de pain durci, brosses à souliers ou boîtes de cirage, assouplissant les bretelles et assujettissant solidement les couvertures et les manteaux.

Puis on examinait avec soin les paquets de cartouches, les chassepots dont on faisait jouer la culasse mobile, en s'assurant que l'aiguille n'était ni cassée, ni même épointée. L'on se partageait les vivres, — précaution essentielle pour ne pas se trouver pris le soir au dépourvu, — L'un emportait un gigot, l'autre remplissait sa gamelle de viande cuite, Bonaventure bourrait de noix sa musette, Ribaillier ramassait un stock de biscuits, chacun, en un mot, variait son chargement.

Enfin, à sept heures, nous étions sous les armes, et, à sept heures cinq minutes, après un contre-appel des plus sévères, le bataillon se remettait en marche dans le même ordre que la veille.

Il faisait froid et gris, cependant, comme la veille, on apercevait au loin, perdues dans la brume, les divisions continuant la marche en bataille, l'alignement plus correct encore, s'il est possible, et la tenue irréprochable.

Nous marchions en silence, et, à l'aspect de ces masses évoluant dans ce vaste horizon avec cet ordre admirable et cette sage lenteur, l'on se prenait à comprendre ces organisations qui aiment la guerre pour la guerre, ces êtres pour lesquels la vie humaine n'est rien et qui, considérant les hommes comme les unités d'un tout et les champs de bataille comme de gigantesques échiquiers, poussent des armées les unes contre les autres et assistent impassibles au carnage des bataillons, comptant froidement les régiments qui succombent et en faisant avancer d'autres, pour le plus grand triomphe de leurs combinaisons mathématiques et sanglantes et de leur ambition guerrière.

Que sont les soldats pour ces gens? Les pions d'un jeu d'échecs, pas davantage. Quand il n'y en a plus, il y en a encore.

Mais, Dieu merci ! un autre sentiment nous exaltait tous, depuis le premier jusqu'au dernier de cette armée: chefs et soldats.

—Nous n'étions pas les instruments d'un conquérant, mais bien les défenseurs de notre pays, et nous faisions une guerre juste, loyale, nécessaire, la seule guerre permise, la guerre nationale enfin : guerre sainte ! Les autres sont infâmes.

Avant Sedan, vassaux d'un despote, nous étions, depuis le 4 septembre, devenus des citoyens libres défendant notre foyer et le sol natal. Aussi, sans phrases, sans cris, marchions-nous calmes et résolus.

Ah ! qui nous eût dit, ce matin du 9 novembre, tous les maux inouïs que la patrie devait encore endurer!...

Nous étions en marche depuis plus de deux heures sans avoir rencontré le moindre obstacle.

On avait seulement fait quelques pauses, afin de laisser reprendre haleine aux troupes que cette marche dans les terres labourées exténuait, lorsque, au moment où nous n'y pensions guère, l'on nous arrêta court.

Les éclaireurs néanmoins continuaient à avancer.

Puis, comme nous nous demandions ce que pouvait signifier ce temps d'arrêt inattendu, le général Barril vint à passer devant notre front, accompagné d'un paysan qui, avec ses bras, faisait force gestes, lui indiquant tantôt un point droit devant lui, tantôt un autre sur la droite.

— Si c'est un espion, pensions-nous, son affaire est claire. Quel aplomb! oser venir jusqu'ici. Car il faut dire aussi que nous voyions partout des espions.

Mais ce paysan, au contraire, était un bon et brave Français qui, au risque de sa peau, venait donner à l'état-major des renseignements précieux. Nous en eûmes bientôt la preuve.

— Tenez! tenez! là-bas! cria-t-on tout à coup, regardez donc à droite, les voilà, ce sont eux!

Instinctivement chacun tourna la tête à droite.

C'était en effet l'ennemi que nous cherchions depuis quarante-cinq jours. Il y eut alors parmi nous une clameur immense : Enfin les voilà! les voilà ! . . . . . . .

. . . . . . . . . . . . . . . . . . . . . . . . . .

A trois kilomètres, perdue dans la brume, une batterie ennemie venait de s'adosser au village de Bacon, et, avec des lorgnettes, on distinguait parfaitement la manœuvre des artilleurs.

— Une compagnie avec moi! cria le général Barril.

La première s'élança, M. Truchy en tête.

Les deux compagnies du 17e continuaient à marcher en tirailleurs, avec une avance de huit à neuf cents mètres, en obliquant sur la gauche, afin de tourner Bacon, tandis que les troupes du 15e corps s'avançaient pour le tourner par l'extrême droite.

Quant à la seconde compagnie du 2ᵉ, aux deux autres compagnies du 8ᵉ et aux deux autres du 19ᵉ, nous restions immobiles, l'arme au pied, entre trois maisons espacées les unes des autres : la ferme des Bréaux, et présentant le flanc à la batterie bavaroise appuyée à Bacon.

Bien entendu, aucun de nous, en ce moment, ne connaissait le nom de ces fermes ni de ce village, nous ignorions même à quelle nationalité ennemie nous avions affaire. C'est plus tard seulement que nous avons appris ces détails.

Tout à coup un éclair brilla dans la brume et une détonation retentit. Le premier coup de canon avait été tiré par les Allemands et venait de tuer un sergent du 17ᵉ, nommé Jubin.

Il était alors dix heures moins le quart précises, la bataille commençait.

En effet, le but de l'ennemi n'étant pas de tuer simplement un sergent, toutes les pièces de la batterie bavaroise commencèrent bientôt à ronfler.

Elles étaient pointées principalement sur le groupe formé par le général Barril et son état-major, — groupe très-exposé, — et, comme il se trouvait à deux cents mètres en avant de nous, bon nombre d'obus nous passaient obliquement au-dessus de la tête pour aller tomber dans les réserves.

— Déchirez les paquets de cartouches et chargez les armes ! commanda M. Huguel, qui, son sabre sous le bras, causait tranquillement avec le capitaine Campion. Les sous-officiers, je compte sur vous pour faire rester les hommes dans le rang.

Nous savions parfaitement ce qu'il voulait dire, mais

la recommandation était inutile. Jeunes comme anciens, personne ne bronchait, et l'alignement demeurait correct. Pourtant chacun avait dû ressentir l'émotion inévitable que produit la vibration des premiers boulets, surtout lorsqu'ils déchirent l'air à quelques mètres de votre tête. Mais beaucoup riaient, au contraire, disant, en souvenir de notre manifestation de Douai :

— Des cartouches ! Des cartouches ! A Paris ! A Paris !
— Eh bien ! nous y voilà sur la route de Paris.
— Oui, seulement elle est barrée.
— Ça ne fait rien, on culbutera la barrière.

De temps à autre, nous regardions en arrière afin de voir la contenance des réserves, composées de mobiles en majeure partie. Eh bien, disons-le, elles restaient fermes sous les obus, *alignées*, splendides !

On a beaucoup crié contre ces pauvres mobiles, mais bien à tort, car il est permis d'affirmer que tous ceux qui ont eu des chefs, de vrais chefs, des officiers de bataille, et non des traîneurs de sabre, ont marché et très-carrément.

A cause de ces fermes qui nous abritaient un peu, notre horizon se trouvait rétréci sur la droite ; mais nous ne tardions pas, en entendant la vive fusillade qui s'engageait sur Bacon, à comprendre que le combat était furieusement engagé de ce côté et que les troupes du 15ᵉ corps allaient donner de l'ouvrage à ces Bavarois désagréables.

En effet, les obus cessaient bientôt de ronfler sur nos têtes, et presque aussitôt nous recevions l'ordre de marcher en avant en obliquant à gauche.

— C'est un simple combat d'avant-postes, faisions-nous, à demain la vraie bataille.

En effet, à mesure que nous nous éloignions, le combat de Bacon semblait perdre de son intensité.

Bientôt, après avoir traversé un pli de terrain assez profond, nous arrivions sur la crête d'une colline d'où l'on découvre un horizon vaste encore.

Cette colline, après des ondulations successives, vient mourir en avant de deux villages éloignés de près d'une lieue, *Coulmiers* et *le Grand-Lus*, distants l'un de l'autre de deux kilomètres; puis au delà, après le bois de Bucy-Saint-Liphard, la plaine se déroule interminable.

A gauche, nous voyions la route d'*Ozouer-le-Marché* à Orléans, entrant dans Coulmiers; mais à droite, du côté de Bacon, les accidents de terrain empêchaient notre vue de s'étendre au loin.

L'on nous arrêta donc en cet endroit, vis-à-vis le bois de Bucy-Saint-Liphard, afin de rectifier le léger désordre de la marche.

La première compagnie venait en ce moment reprendre sa place de bataille, et l'on se raconta les émotions du premier coup de feu.

Le gros Mage avait failli en retrouver sa voix, et le ventru Gaubert, rasé par un obus, s'était promis, s'il en réchappait, un déjeuner chez Baurain, aux huîtres et au chablis. Quant à Sevaistre le Nemrod, il se promettait d'occire les Prussiens comme les loups de ses grands bois.

En somme, tant tués que blessés, ils étaient tous bien portants et très-joyeux.

Le 17$^e$, par exemple, suivant l'expression pittoresque de Broner, avait *trinqué*. Il comptait déjà deux morts et quatre ou cinq blessés, mais on ne pouvait en ce moment préciser ses pertes, car, sourds au ralliement, tous les chasseurs de ses deux compagnies étaient partis au pas de course, sur Bacon, et tiraillaient de ce côté.

Tandis que nous nous reformions ainsi en ligne, tout en discutant et en déclarant l'incident terminé, une batterie s'établissait à notre gauche, au lieu et place du 31ᵉ de marche, subitement disparu vers la route d'Orléans.

Les chevaux n'étaient pas encore dételés que tout à coup de formidables détonations éclataient au loin, sur la gauche, à Epieds, répondant au craquement sourd des mitrailleuses; puis au même instant la canonade reprenait plus nourrie et plus sonore sur la droite, dans Bacon, et enfin au moment où nous ouvrions la bouche pour nous écrier : Ah çà, est-ce que nous allons être pris entre deux feux? les batteries allemandes, établies dans Coulmiers et le Grand-Lus, commençaient simultanément leur feu.

Cette fois, la bataille était engagée sur toute la ligne, et nous ne pouvions tarder à entrer en action.

Comme notre batterie de gauche commençait à tirer sur Coulmiers : — le 2ᵉ en tirailleurs sur la file de gauche! cria de toutes ses forces M. Huguel, à cause du vacarme assourdissant qui nous emplissait les oreilles.

Nous partîmes au pas gymnastique, tandis que le bataillon nous suivait lentement, à rangs serrés, le chassepot sur l'épaule droite.

C'était plaisir de voir quel entrain et quelle ardeur chacun y mettait. De pauvres diables se traînant la veille avec toutes les peines du monde, couraient maintenant sans broncher; le sac sur le dos, et tels qui grelottaient le matin, suaient maintenant à grosses gouttes. Certes, le canon enfièvre et surexcite au delà du possible, mais

12

pour plusieurs, il fallait encore y mettre une rude dose de volonté.

A mesure qu'une escouade s'était déployée, la suivante en faisait autant, les tirailleurs se plaçaient à cinq pas les uns des autres, comme le prescrit la théorie, et tout cela sans trouble, sans le moindre désarroi; l'on eût dit l'exercice au Champ-Gaillan.

— Est ce bien cela? sergent, criaient les jeunes soldats tout joyeux.

— Parfaitement cela, mon fils!

Du reste, la bataille marchait à ravir. Tandis que nos batteries établies sur la hauteur, vis-à-vis Coulmiers, canardaient les Bavarois établis dans ce village et dans le Grand-Lus, le 15ᵉ corps entrait dans Bacon, et le combat continuait acharné du côté d'Epieds ; mais les Allemands, il faut le dire, démasquant toutes leurs pièces répondaient avec fureur, à ce point que la canonade, devenant plus intense de minute en minute, faisait trembler les vitres jusque dans Orléans, éloigné de cinq lieues.

On nous a dit cela plus tard.

Comme, après avoir descendu la colline, nous courions dans un vaste pli de terrain, tous les obus nous passaient au-dessus de la tête, et malgré l'acharnement des batteries de Coulmiers à tirer sur les nôtres, nous n'avions pas encore éprouvé de grandes pertes. L'extrémité de ce terrain, dans lequel se déployait la compagnie, confine à un chemin de traverse, et là se redresse tout à coup. Aussi, en cet endroit, redevenions-nous d'autant plus visibles pour les pointeurs bavarois, que nous en étions plus rapprochés ; mais M. Huguel commanda halte, donnant l'ordre aux tirailleurs de se coucher à plat ventre sur cette petite éminence.

Du reste, nos canonniers donnaient trop d'occupation à l'artillerie ennemie pour qu'elle s'occupât de nous, et ainsi placés entre les deux, toute la ferraille continuait à ronfler sur nos têtes, sans nous occasionner de désagréments, sauf toutefois quand les pièces bavaroises, tirant trop court, leurs projectiles tombaient sur nous ; mais cela était l'exception, heureusement.

Il ne faudrait pas croire, néanmoins, que nos artilleurs souffrissent beaucoup de cette terrible canonnade. Changeant de place à tout instant, avançant leurs pièces à bout de bras dans les terres labourées, tantôt de deux, tantôt de quatre, tantôt de six mètres, ils dépistaient ainsi le point de mire des canonniers allemands, gênés dans leurs évolutions par les grands arbres du parc de Coulmiers, où ils s'étaient retranchés.

Cependant, Dieu sait si leurs positions étaient formidables et bien choisies. Nous avons vu tout cela le lendemain.

En effet, sans leur habileté, leur sang-froid et leur courage, nos artilleurs eussent été infailliblement écrasés sur leurs pièces, dès le début de l'action; car pour les Bavarois, tirant de bas en haut, nos batteries, placées sur le sommet de la colline, et se détachant ainsi en vigueur, offraient une ligne de tir facile à saisir, tandis que les Français devaient constamment chercher, sous les branches serrées des arbres verts du parc, la position des pièces ennemies. Mais l'équilibre fut bientôt rétabli à notre avantage, et les Allemands ne tardèrent pas à s'en apercevoir.

Tandis que l'artillerie tonnait ainsi, nous avions occupé notre poste, et cinq escouades faisaient face à Coulmiers, tandis que la sixième, en potence, regardait le chemin vicinal de Bacon au Huisseau ; car dans l'ignorance de ce qui se passait de ce côté, nous nous mettions en garde contre les éventualités.

La compagnie se trouvait donc alors à 2,500 mètres environ de Coulmiers et à 1,800 mètres du Grand-Lus, occupant l'espace compris entre les deux villages et vis-à-vis le bois de Bucy-Saint-Liphard.

Quant au bataillon, maintenant descendu dans le pli de terrain, il se trouvait couché à environ 700 mètres en arrière. Devant et au-dessous de nous, à 150 mètres, cachés complétement dans un nouveau pli de terrain, attendaient une centaine de tirailleurs d'infanterie, immobiles et couchés à plat ventre comme les nôtres. La batterie du Grand-Lus, pour une cause ou une autre, gardait le silence, et un très-fort peloton de cavalerie bavaroise caracolait dans la plaine, à 1,200 ou 1,300 mètres en ligne de bataille, faisant comme un immense rideau.

Nous voulions tirer, M. Huguel nous arrêta. Plus que nous, il avait le coup d'œil juste et savait apprécier les distances.

— C'est de l'artillerie qu'il faut, dit-il, et il en envoya chercher.

Nous étions mécontents néanmoins, et nous éprouvions le désir de lui rappeler son petit discours de Marchenoir, où il prétendait l'artillerie inutile, mais ce n'était ni le cas, ni l'heure de discuter.

Tandis que nous étions ainsi, regardant toujours le peloton de cavalerie bavaroise qui semblait nous narguer, survint un capitaine de la ligne avec une autre compagnie déployée en tirailleurs.

Ces hommes se jetèrent immédiatement à plat ventre dans les intervalles laissés par nos chasseurs. Mais ce capitaine avait la mission, disait-il, d'enlever le Grand-Lus, et comme il demandait à M. Huguel de l'aider, celui-ci refusa en lui observant qu'il n'avait pas d'ordres d'abord, ensuite que l'on ignorait les forces cachées dans ce village, et que ce serait peut-être faire massacrer inutilement deux ou trois cents hommes.

— On est allé chercher du canon, fit-il, attendons-en l'effet. Quand le village sera déblayé nous entrerons à la baïonnette !

C'est alors que nous reconnûmes la sagesse de notre chef de compagnie, qui, tout en menant carrément sa troupe au feu, n'entendait pas la sacrifier bêtement. Et il avait raison, car, tandis que le peloton de cavalerie semblait se replier, une nouvelle batterie bavaroise s'établissait entre le Grand-Lus et Coulmiers, juste vis-à-vis nous.

En cet instant, du reste, trois pièces nous arrivaient, ce qui coupa court à toute discussion.

Puis, tandis qu'elles s'établissaient, un clairon arrivait à toutes jambes, nous dire que quatre fois déjà le commandant avait fait sonner : en retraite ! Mais personne, à cause du tonnerre assourdissant de la gauche, n'avait entendu. Il fallait retourner au bataillon. Mais quelques-uns, désireux de voir l'effet des trois pièces, nous restâmes en place, car au fond du pli de terrain où se tenait le bataillon, si l'on devenait invisible, par contre l'on ne voyait rien.

Le premier coup de canon fut tiré à l'adresse des cavaliers bavarois, et il eût fallu voir alors comme ils se mirent à détaler !

Ces centaures, après nous avoir insolemment montré la visière de leur casque, nous en faisaient voir maintenant honteusement la chenille.

Ce spectacle nous remplit d'une joie ineffable, je n'ai pas besoin de vous le dire, mais comme le second coup allait partir, tout le peleton disparut dans Coulmiers.

La volée de mitraille en avait néanmoins atteint quelques-uns.

Ah! les Allemands, dans leurs journaux, avaient osé prétendre que nous n'avions plus d'artillerie ! C'étaient pourtant de rudes gars, je vous assure, que les canoniers français manœuvrant le 9 novembre à la bataille de Coulmiers!

Ces artilleurs de nos trois pièces entre autres braquaient leurs canons, chargeaient, pointaient, tiraient, comme s'ils eussent été au polygone. Et quel calme! quel ordre! quel sang-froid! Nous en étions émerveillés.

Un vieux sous-officier, médaillé de Crimée, pointait lui-même la première de ces pièces, aussi tranquille que s'il eut été attablé devant un jeu de cartes et un bock, mais par exemple, il s'appliquait de façon à mettre l'as dans son jeu, et à retourner la dame de pique dans celui des Bavarois.

— Qu'est-ce que nous leur envoyons maintenant, disait un artilleur : obus ou paquet de mitraille?

— Combien d'obus? Combien de paquets?

— Tant, marchis! (maréchal des logis)

Va pour le paquet de mitraille, c'est un plat de résistance, et puis nous en avons de reste.

Et tandis que les uns écouvillonnaient, les autres apportaient le plat demandé.

Cela se faisait promptement, mais avec calme.

De temps à autre, ce vieux maréchal des logis criait : Gare ! voici quelque chose pour nous. L'on courbait alors un peu l'échine, et le projectile de la batterie du Grand-Lus tombait en avant ou en arrière de nous.

Après avoir contemplé, un instant à nos risques et périls, ce duel d'artillerie, nous revînmes vers la compagnie, placée à deux cents mètres en avant du bataillon.

Les capitaines avaient de nouveau aligné les rangs, mais laissant chacun libre de se tenir debout, assis ou couché, selon son bon plaisir.

La plupart étaient couchés ou assis sur les sacs, et l'on attendait ainsi tranquillement, sous les obus, l'ordre de marcher en avant.

En ce moment, nous avions à gauche notre batterie qui, tout en faisant rage, descendait insensiblement la colline, gagnant Coulmiers : à droite, un peu au-dessus de nous, un régiment de ligne également assis sur les sacs et en avant : les trois pièces requises par M. Huguel, qui continuaient leur feu, sur la batterie du Grand-Lus.

Il est à croire que les Allemands, indépendamment de la batterie du Grand-Lus et de celle de Coulmiers, en avaient établi une autre, sur la route d'Orléans, car ce régiment de ligne, notre voisin, recevait des obus provenant évidemment de cette direction.

Néanmoins, les uns et les autres n'avions à souffrir que des éclaboussures de cette bataille d'artillerie, et jusque-là notre rôle avait été purement passif.

Le bataillon, — sauf les chasseurs du 17$^e$ qui nous avaient quitté pour se battre parmi les troupes du 15$^e$ corps, — n'avait pas encore tiré un coup de fusil.

Quelquefois, certains obus indiscrets, nous rasant de trop proche, nous émotionnaient bien un peu, mais cela ne nous empêchait nullement de faire honneur à notre frugal déjeuner : des noix et de l'eau, apportées par Bonaventure et Ribaillier.

L'un de ces projectiles, après avoir ronflé à un mètre de notre tête, s'en vint éclater aux pieds de M. Galimard, qui, en ce moment, donnait un ordre à l'adjudant. Par un hasard extraordinaire, ni l'un ni l'autre ne furent blessés, mais M. Galimard en descendit de cheval.

Il faut dire aussi qu'une bonne moitié de ces obus n'éclatait point à cause de l'humidité du sol, détrompé par les pluies continuelles des jours précédents, sans quoi, nous eussions fait des pertes autrement graves que celles constatées jusqu'alors.

Quelques chasseurs couraient même ramasser, au mépris de tout danger, ces obus enveloppés de leurs chemises de plomb, et les rapportaient pour nous les faire examiner.

Il pouvait être deux heures, lorsque M. Huguel, quittant le commandant, revint vers la compagnie, en nous donnant l'ordre de mettre sac au dos et de nous préparer à marcher en avant.

La bataille entrait dans une phase nouvelle, et nous allions bientôt y prendre une part active.

## XXVIII

BATAILLE DE COULMIERS (suite).

L'infanterie, qui jusque-là, bien que protégée efficacement par l'artillerie, avait supporté immobile le choc des obus, allait entrer en ligne et, à son tour, combattre l'infanterie bavaroise.

Mais ces gens, très-retors, s'étaient singulièrement retranchés dans Coulmiers, aussi la besogne n'était-elle pas encore achevée.

Sur l'ordre de M. Huguel, chacun se leva, mit sac au dos, puis l'on partit, tandis que le bataillon se disposait à nous suivre.

Nous marchions par sections, *alignés* correctement, le chassepot sur l'épaule droite.

Certes, si les officiers allemands nous regardaient avec leurs lorgnettes, ils purent se convaincre que l'armée de la Loire n'était pas un mythe, comme ils avaient bien voulu le prétendre, et que tous les Français n'étaient pas morts.

Les obus ronflaient, à la vérité, mais nous n'en marchions pas moins maintenant tout droit sur Coulmiers, en obliquant à gauche, par conséquent, et en laissant sur notre droite le Grand-Lus parfaitement balayé.

Les trois pièces de M. Huguel étaient du reste parties je ne sais où, et le village gardait un silence absolu. Mais, sur la gauche, nos batteries, foudroyant le parc de Coulmiers, continuaient un tapage d'enfer auquel se mêlait le crépitement des feux de tirailleurs, qui faisaient dans ce bourdonnement comme une innocente pétarade.

Ces feux provenaient du 31ᵉ de marche, qui s'apprêtait à entrer de plein front dans Coulmiers, tandis que nous marchions pour le tourner par la gauche. La canonnade avait cessé du côté de Bacon, mais continuait dans la direction d'Epieds.

Néanmoins la clef de la position était Coulmiers, il ne fallait pas être d'une force supérieure en stratégie pour deviner cela : Coulmiers enlevé, la bataille était gagnée. Car chacun, dans cette journée, en présence d'un aussi vaste horizon, qui permettait d'embrasser d'un seul coup d'œil une bonne partie du champ de bataille, avait pu se rendre compte des admirables manœuvres de Paladines et comprendre à peu près ce que nous avions fait et ce qu'il nous restait à faire.

Nous marchions du reste très-gaiement, disant : « C'est notre tour à canarder, allons-y de la belle ! »

De temps à autre, ceux qui ne regardaient pas à leurs pieds trébuchaient dans les trous formés par les obus, et, à l'aspect de ces larges entonnoirs, on ne pouvait s'empêcher de penser que les gracieux joujoux avaient mieux fait de tomber ailleurs que sur nos têtes.

Nous étions maintenant tout à fait dans la plaine, entre le Grand-Lus et Coulmiers, et ce n'était pas sans un sentiment de joie et d'orgueil que nous foulions aux pieds l'emplacement occupé le matin même par l'ennemi : ces Allemands invincibles !

Néanmoins, cela nous semblait tout naturel. N'étions-nous pas les soldats de la République française ?

Quand nous fûmes arrivés à cinq ou six cents mètres de Coulmiers, M. Huguel fit déployer la compagnie en tirailleurs, puis bientôt commanda halte et fit coucher tout le monde à plat-ventre.

Cette fois, on ne se le fit pas répéter, car nous étions désormais à portée du *zünnadelgevir*, et les balles nous sifflaient aux oreilles avec une raideur toute germanique.

L'on ôta les sacs de dessus les épaules, pour les placer devant soi, de façon à s'en faire une cuirasse, puis l'on commença un feu de tirailleurs.

C'est en ce moment, avant d'avoir brûlé une cartouche, que le pauvre Bonaventure, notre fourrier, reçut une balle dans l'avant-bras gauche, et d'une si terrible façon qu'il eut à craindre longtemps l'amputation.

Voici quelles étaient nos positions respectives : un peu en arrière de nous et sur notre gauche, le bataillon abrité derrière un très-léger renflement de terrain ; vis-à-vis nous, mais sur la gauche, de telle sorte que pour lui faire face, nous étions obligés de nous espacer en ligne oblique : Coulmiers ; et enfin, sur notre flanc droit, presque derrière nous : le Grand-Lus.

La défense des Allemands s'était concentrée dans une très-grande ferme, bâtie à l'angle du village, un peu en arrière de l'extrémité du parc de Coulmiers et dans le parc même, d'où ils répondaient à la fois, cachés par ces maudits arbres verts : à l'attaque de l'infanterie essayant d'aborder à droite, par la route d'Orléans ; à celle des batteries de la colline, qui protégeaient en outre les feux du 31e de marche et ceux des mobiles de la Dordogne ; puis enfin à la nôtre, qui arrivions par la gauche du village, accompagnés de nombreux tirailleurs de la ligne.

Quant à nos réserves, elles se tenaient assez loin en arrière, immobiles, l'arme au pied.

Nos batteries tonnaient vigoureusement, mais il faut rendre cette justice aux Bavarois qu'ils ne se défendaient pas avec une moindre ardeur.

La partie était perdue depuis longtemps pour eux, ils n'en pouvaient douter; néanmoins, ceux à qui nous avions affaire soutenaient la retraite de leur armée d'une façon admirable.

Toutes les murailles de la grande ferme étaient crenelées, aussi répondaient-ils de là, sans obstacle à tous les feux d'infanterie.

Quant aux chasseurs bavarois, embusqués dans le parc, — nous reconnûmes, le lendemain, le genre de troupes à l'uniforme des cadavres, — ils avaient sans doute à souffrir de nos pièces de la colline; mais, abrités par les gros arbres et protégés par leurs pièces, ils tiraient à coup sûr parmi les rangs français, exposés que nous étions dans la plaine, sans autre rempart que nos sacs.

Cette situation pouvait se prolonger indéfiniment, surtout en raison de l'acharnement des soldats embusqués dans la ferme, qui ne semblaient nullement disposés à céder et faisaient par leurs créneaux un feu d'enfer, auquel nous ne pouvions répondre que très-inégalement, lorsqu'une heureuse diversion vint changer tout cela.

En effet, ce jour-là, nos généraux veillaient à tout; aussi, à peine étions-nous établis devant Coulmiers, que deux grosses pièces de siège — calibre vingt-quatre — venaient s'adosser au Grand-Lus et commençaient sur la grande ferme un feu écrasant.

Au premier coup de ces deux pièces, nous jetâmes un hourrah d'enthousiasme, car il était clair que la ferme ne tarderait pas à être démolie, et les Allemands délogés.

Mais nous avions aussi compté sans la batterie du parc de Coulmiers qui se mit à riposter.

Les projectiles des deux artilleries nous passaient au-dessus de la tête, mais assez proche; aussi n'avait-on garde de se tenir debout, et, à chaque volée ennemie, Dieu sait si nous faisions des vœux pour qu'elle s'en allât au diable! Puis, au contraire, quand les projectiles de nos pièces passaient, nous les poussions mentalement de toutes nos forces contre la pauvre ferme, — française pourtant, — mais qui avait en ce moment le grand tort d'abriter nos ennemis.

Ces deux pièces de vingt-quatre tiraient du reste à boulets pleins et à toute volée, avec une régularité de chronomètre.

Malgré le tumulte de la bataille, on entendait la voix du brave officier qui les commandait crier de toutes ses forces: « Feu! » L'on comptait alors une seconde, on voyait la flamme: trois secondes, on entendait la détonation, presque aussitôt le ronflement du boulet; puis un coup mat et sourd; la ferme avait reçu un atout, ou les retranchements du parc se trouvaient mis à mal. Puis, de dix en dix secondes, nouvelles détonations et nouveaux ronflements.

Tous ces boulets, malheureusement, ne frappaient pas juste: quelques-uns, en déviant, filaient le long du parc ou, dépassant le faîte des toits de la ferme, allaient tomber sur nos lignes de tirailleurs, dans la plaine, de l'autre côté de la route d'Orléans.

C'est ainsi qu'une demi-douzaine de soldats français,

lancés trop tôt en avant, eurent le crâne enlevé. Le lendemain, en examinant la position des cadavres, le doute nous fut impossible à cet égard. Mais il ne faudrait pas s'en étonner outre mesure, cela arrive dans toutes les batailles.

La canonnade continuait donc sans interruption, mais nos pièces se rapprochaient de plus en plus, celles de la colline tonnant sur le parc de Coulmiers, et celles du Grand-Lus à la fois sur le parc et la ferme.

On voyait même, à cause de la brume plus serrée, la flamme sortir toute grande de la gueule des canons.

C'est en ce moment que notre commandant eut la trop chevaleresque idée de vouloir faire enlever la ferme par une simple compagnie.

Il désigna la *première*, et, comme il recommandait au capitaine Truchy de courir au pas gymnastique, M. Truchy lui fit alors, avec son accent gascon, cette réponse quasi-sublime :

— Mon commandant, je ne *courre* pas, ni mes hommes non plus !

Il partait néanmoins, le brave et digne homme, son sabre sous le bras, et sa compagnie le suivait, Guéroult en tête, avec les Sevaistre, Blay, Mage, Fournereau, Crassac, Bricka, Gaubert, Geoffroy et les autres, lorsque M. Galimard, se ravisant, leur fit sonner : « En retraite! » Il était temps.

Car, en admettant que, par impossible, ils n'eussent pas tous été fusillés par les Bavarois retranchés dans le parc et dans la ferme, ils n'eussent pas manqué d'être écrasés par les projectiles français qui se croisaient à l'entrée du village.

On continua donc le feu en tirailleurs, laissant à l'artillerie, avant d'entrer dans Coulmiers, le soin d'achever son œuvre.

Les balles sifflaient toujours avec la même raideur germanique, néanmoins nos pertes étaient encore insignifiantes, bien que l'infortuné Duhem, légèrement blessé à la tempe, se fût cru à son dernier jour, ainsi que son camarade de combat, car, par une singularité remarquable, la balle qui avait atteint le premier, passant par ricochet dans la poche du second, y avait brisé son couteau sans lui faire du reste autre mal, accomplissant ainsi un tour de prestidigitation dont les uns et les autres ne pouvaient revenir.

— Quelle noce! disait le pauvre Geffretin, tué plus tard à Loigny. C'est un jeu à tout coup l'on gagne.

— Non, au contraire; à tout coup l'on perd! disait l'autre en ramassant les débris de son couteau.

Mais tous ne prenaient pas la chose au tragique, témoins — ceci est de l'histoire — ceux qui, délaissant l'infanterie bavaroise et au risque d'atteindre des camarades, appliquaient toute leur adresse à tirer sur les nombreux lièvres courant par la plaine, comme affolés de terreur.

Nous étions ainsi, tiraillant depuis deux heures au moins, lorsque l'artillerie cessa de tonner.

Je ne saurais dire l'impression que nous causa ce silence subit; il nous sembla que quelque chose nous manquait.

Puis, comme nous regardions par dessus nos sacs la tournure décisive que prenait la bataille, survinrent le capitaine Campion et le commandant qui criaient : « Debout! Et sac au dos, tout le monde! »

On se releva pour se ranger en ligne, tout en gagnant du terrain.

Nous n'étions plus ainsi qu'à trois cents mètres de Coulmiers.

Mais, si l'artillerie bavaroise était démontée, il n'en était pas encore de même de l'infanterie. Tudieu! quelle grêle de balles! C'était en ce moment une véritable pluie, et, quand on y pense, il semble extraordinaire qu'un si petit nombre d'entre nous aient été tués ou blessés à cette bataille.

Il fallait, sous le feu, reformer les compagnies, les sections et les divisions, car les rangs s'étaient rompus mêlés, et, ma foi, ce fut là un instant critique.

Les jeunes soldats — ceux du 8e spécialement — renâclaient un peu pour se placer sur deux rangs, et nous avions beau leur crier à toute minute : « Restez donc sur deux rangs, vous courez cent fois moins de risques! » ils se cachaient les uns derrière les autres, faisant ainsi des files de quatre, six, huit et parfois dix hommes, mais sans reculer néanmoins.

Enfin, comme nous étions encore tirant tant bien que mal sur les Bavarois qui s'enfuyaient à droite par la grand'route, dans la direction d'Orléans, tout à coup l'on entendit crier : « Baïonnette au canon! à la baïonnette! à la baïonnette! » et alors, jeunes comme anciens, valides ou écloppés, l'on s'élança au pas de course sur le village, la baïonnette en avant, pêle-mêle avec des lignards, les rangs rompus, sous une grêle de balles qui, de ci, de là, faisaient des trouées.

C'est en cet instant que nous perdîmes du monde; mais, dans l'ardeur de la bataille, on n'y faisait seulement pas attention. La fièvre de la victoire s'était emparée de tous, et, en ce moment, plus de dix mille hommes, se ruant de toutes parts sur Coulmiers, poussaient ce cri vainqueur des troupes françaises : « A la baïonnette ! à la baïonnette ! »

Pour nos généraux, ce fut sans doute un rude coup d'œil, et, si nous étions contents d'eux, — jour de Dieu ! — je pense qu'ils le furent de nous !

Mais il arriva alors ce qui toujours a lieu lorsqu'une position se trouve enlevée par des troupes venues de plusieurs points à la fois. Nous nous tirâmes dessus les uns les autres, et il y eut, à l'angle de la grande ferme, un quart-d'heure de confusion inexprimable.

Chasseurs, mobiles de la Dordogne, lignards du 31ᵉ de marche, le fusil droit devant soi, la baïonnette en l'air nous étions mêlés, confondus, serrés les uns contre les autres, comme des sardines dans un baril, et l'on entendait siffler les balles dans toutes les directions.

Coups de feu des Bavarois retranchés dans la ferme, qui, nous canardant à bout portant d'une dernière balle, rendaient ensuite leurs armes aux nôtres déjà entrés dans les maisons : coups de feu des mobiles de la Dordogne, qui, derrière nous, tiraient encore sur Coulmiers : coups de feu des dernières compagnies du 31ᵉ de marche arrivant par la droite.

Puis on entendait les cris les plus furieux, les plus dissemblables : — Assez ! ne tirez plus ! — Ne tirez plus ! — Ils se rendent ! — Mais vous nous massacrez ! — A a baïonnette ! — En avant, la deuxième ! Et alors, omme une honte, en ce moment suprême, un capitaine de mobiles, que cette fusillade à bout portant effrayait sans doute, s'avisa de hurler : « En retraite ! » de toutes ses forces, et déjà une cinquantaine de ses hommes reculaient, lorsqu'un commandant ou le colonel peut-être de ces mobiles arriva, comme la foudre, au galop de son cheval, debout sur ses étriers, l'épée haute, et criant, avec cet accent intraduisible de Périgueux ou d'Agen : « Enn avant! Enn avant! les mobiles de la Dordogne! Reculeriez-vons pas?... » Et ainsi, tout fulgurant de colère et d'enthousiasme, il entraîna ses soldats, qui entrèrent avec nous dans Coulmiers.

Du reste, les Bavarois, qui n'avaient pu fuir par l'autre extrémité du village, ne luttaient plus et se rendaient tous.

Quelques balles sifflottaient bien encore traîtreusement par ci par là, mais la bataille était finie.

Les prisonniers défilaient devant nous, très-joyeux, disant : « Bayern, catholic, camarades! Bayern, nix capout! » Et ils ne semblaient nullement regretter l'issue de la journée.

Des paysans nous affirmèrent du reste qu'un certain nombre d'entre eux n'avaient point pris part au combat et s'étaient laissé faire prisonniers très-volontairement. La chose ne nous parut pas improbable.

Bientôt on s'occupa, tout en se hâtant, à cause de la nuit tombante, de reformer les bataillons et les compagnies.

Le 7ᵉ de marche se rétablit en ordre devant la grande ferme, dont la toiture, enflammée par les obus, s'écroulait déjà de toutes parts; puis ensuite on nous fit longer le parc de Coulmiers.

Nous avancions lentement, glissant dans la boue et trébuchant parfois sur les cadavres, à cause de l'obscurité. Enfin nous arrivâmes sur la route d'Orléans, où l'on s'arrêta un instant.

Dans l'un des fossés de la route, gisait un pauvre Bavarois, la jambe broyée par un obus; il n'était pas mort et exhalait une dernière plainte.

Alors chacun l'entoura. M. Huguel et Broner, tous deux au courant de la langue allemande, s'informaient de son pays, de sa blessure, de ce qu'il voulait boire.

Il nous déclara être de Munich même. Puis, comme il disait à Broner, notre interprète, que, blessé trop grièvement pour en réchapper, il voulait mourir là, chacun se récria. On déroula tout de suite une tente-abri, on le plaça dessus doucement, comme l'on eût fait pour un enfant malade, puis un chasseur lui ayant fait boire sa dernière goutte de café aromatisé conservée précieusement dans son bidon depuis le matin, quatre hommes, prenant un coin de la toile et soulevant la tête de ce malheureux avec toutes les délicatesses imaginables, l'emportèrent à l'ambulance de Coulmiers, marchant à petits pas et lui disant à chaque instant pour l'encourager : « — Ça ne sera rien, va ! — Toi, camarade, pas capout ! — Bien soigné, ici. — Vin bon, pain bon, en France ! — Français bons garçons, n'aie pas peur !

Pauvre humanité ! Et dire que ce sera encore comme cela pendant des siècles, toujours, peut-être !.........

Tandis que l'on emportait ce Bavarois, nous traversions la route, pour nous arrêter de l'autre côté, dans la plaine, nous y établir par divisions et former les faisceaux, la droite appuyée à la route qui, deux cents mètres plus loin, après avoir longé sur une de ses faces le parc de Coulmiers, entre dans le village même.

En attendant les ordres, chacun s'assit sur son sac et se mit en devoir de déballer ses provisions.

Le premier moment fut tout à l'assouvissement de

notre faim. Quel appétit! Du biscuit, du bœuf froid et de l'eau faisaient le régal le plus délicieux qui fût au monde, et encore les prévoyants, les heureux seuls pouvaient se permettre un semblable festin.

Quant aux autres, du biscuit bien sec était tout leur souper. Puis, notre faim à peu près apaisée, chacun se mit alors à raconter ses impressions.

On établissait le décompte des pertes et, bien qu'elles ne fussent pas sensibles, eu égard à notre effectif, l'on ne pouvait s'empêcher de plaindre tel qui avait eu la tête fracassée, tel autre blessé à mort d'un coup de feu dans le ventre et qui endurerait encore pendant de longues heures, avant de mourir, d'atroces souffrances.

La bataille néanmoins, grâce à l'admirable stratégie de Paladines, à l'activité des généraux divisionnaires et à la fermeté et l'élan des troupes, n'avait pas été meurtrière.

Qui ne sait, du reste, que la victoire coûte toujours beaucoup moins de monde que la défaite?

Tous les corps engagés à Epieds, à Bacon, à Coulmiers avaient donné sans la moindre hésitation, et les réserves de mobiles, impassibles et *alignées*, avaient reçu les obus sans broncher.

Quant aux mobiles de la Sarthe et à ceux de la Dordogne, malgré ce capitaine défaillant, ils s'étaient battus, les uns à Epieds, les autres à Coulmiers, comme des vieux zouaves d'autrefois.

Ils furent du reste cités à l'ordre du jour.

Le 31e de marche, entraîné par son colonel, s'était aussi héroïquement conduit. Mais M. de Foulonges, frappé d'une balle à la tête, avait été tué raide en entrant dans Coulmiers, en avant d'un de ses bataillons.

Bref, s'il faut en croire les documents officiels publiés quelques jours ensuite par le gouvernement de la Défense nationale, l'armée de la Loire avait eu, dans cette bataille, 2,000 hommes hors de combat.

Ce chiffre est-il exact? Les archives le diront peut-être, mais, dans tous les cas, il est très vraisemblable.

D'après les pertes de notre bataillon, qui se chiffraient par une cinquantaine d'hommes, celles des mobiles de la Sarthe : deux cent dix-huit, et celles de quelques autres bataillons qui nous les avaient fait connaître ; en raison surtout du nombre restreint de cadavres français étendus dans la plaine et les villages enlevés, — ce que nous fûmes à même de constater le lendemain, — il nous sembla que le chiffre officiel devait être exact.

Ainsi, pour ne citer qu'un exemple, la batterie, notre voisine de gauche, — après avoir tiré une moyenne de cent quatre-vingts coups par pièces, avait eu à peine trois ou quatre blessés.

— Vers la fin de la journée, nous dirent les artilleurs, les projectiles ennemis passaient à plus de dix mètres au-dessus de nos têtes.

Néanmoins, ce chiffre de blessés nous semblait tellement inouï qu'il fallut la parole réitérée d'un lieutenant de ladite batterie pour nous décider à y croire. Mais toutes ne furent pas aussi heureuses et payèrent à la victoire un plus cruel tribut.

Dans tous les cas, l'honneur de cette journée revient sans contredit à l'artillerie, qui fut splendide d'audace, de sang froid et de précision, et cet honneur, disons-le bien vite, ne lui fut nullement contesté, au contraire.

— Vive l'artillerie ! disaient à tout instant les chasseurs rencontrant les canoniers sur le chemin du village où ils allaient chercher soit de l'eau pour le café, soit du bois pour les feux du bivouac. Vive l'artillerie !

Et eux autres répondaient : Vivent les chasseurs !

Puis ils nous avouaient la joie qu'ils avaient ressentie à l'aspect de notre charge à la baïonnette. Car depuis le moment où ils avaient dû cesser le feu jusqu'à notre entrée dans Coulmiers, ils étaient si proches des Bavarois que, pour éviter leurs balles, ils avaient dû se retrancher derrière les caissons.

En somme, ils nous avaient protégés le matin, mais, le soir, nous les avions défendus.

— Ah ! disaient-ils, si l'on avait toujours travaillé comme ça, nous serions un peu plus avancés aujourd'hui !

Mais bah ! les victoires allaient se suivre, maintenant; nous étions remontés à cheval, et la grande nation était toujours debout !

Encore deux rudes coups de collier : l'un à Orléans, l'autre sous les murs de Paris, et l'affaire des Allemands serait faite.

Car il faut dire que, le soir du 9 novembre, nous ignorions encore l'évacuation complète d'Orléans et l'entrée dans cette ville de la seconde portion de l'armée de la Loire, sous les ordres de Martin des Pallières.

Comme M. Jourdain, qui faisait de la prose sans le savoir, nous avions délivré le chef-lieu du Loiret sans nous en douter. Aussi notre joie fut-elle doublée, le lendemain, en apprenant les résultats de la bataille.

Enfin, que vous dirai-je ? ce soir-là d'Aurelles de Paladines était un homme illustre, et Von der Thann un paon orgueilleux à qui nous avions arraché les plumes, et Dieu sait si nous lui ménagions les plaisanteries.

— Ce pauvre Thann, nous l'avons donc tanné !

— Il est enfin rentré dans sa tannnerie !

— Sa tannière, vous voulez dire ! etc., etc.

Puis on comptait les kilomètres à parcourir jusqu'à Paris. On disait : Dans tant de temps, nous arriverons.

— Nous y serons, ma foi, bien avant les casques pointus de Frédérick-Charles !

Les uns se donnaient rendez-vous au café de Suède et de Madrid, les autres à la Brasserie Mallet ou ailleurs, et, en dressant nos maisonnettes de toile sur ce terrain conquis pied à pied, l'on s'écriait :

— Eh bien ! leurs *Gazettes de Cologne*, *de la Croix* et autres, leur *Avenir de Berlin* n'oseront peut-être pas nous la contester, celle-là !

— Quand on couche dans le lit préparé pour l'ennemi, cela s'appelle bien, en tous les idiômes de la terre : être vainqueur, n'est-il pas vrai ?

Enfin, que voulez-vous ? nous voyions tout en beau. Nos généraux étaient tous, ce soir-là, — sauf à les accuser plus tard de trahison, — des braves, de bons patriotes, de grands stratégistes ; nous espérions encore que la France ranimée se relèverait tout à coup, que tout irait bien ; nous voyions déjà par avance les Allemands en fuite vers la frontière, la patrie sauvée, et ces idées nous exaltaient.

Quelle joie ! quel orgueil !

Pauvres vainqueurs du jour, vaincus du lendemain, nous étions loin de penser que notre chère victoire de Coulmiers — éclair dans une nuit sombre — ne devait pas, malgré des prodiges de dévouement et de patriotisme, avoir de lendemain, et que la mode des obus dans la soupe ne tarderait pas à revenir.

Nous espérions que chacun allait prendre un fusil et venir nous rejoindre pour sauver notre pauvre vieux pays que nous aimions tant; que nous allions tous tomber ensemble ou vaincre ensemble, en oubliant nos haines, nos rancunes, nos jalousies, notre mauvais orgueil, qui nous ronge et nous fait tant de mal.

Nous espérions l'impossible, que voulez-vous? et ainsi, les pieds dans la boue, sous la pluie, transis, glacés, perclus, nous étions fiers et heureux, plus heureux qu'aujourd'hui, allez! Ah! tenez, il vaut mieux ne plus parler de cela!

## XXIX

LE LENDEMAIN DE LA BATAILLE.

Toute médaille a son revers, dit-on ; le revers de notre victoire devait être son lendemain. Quelle journée !

Le souvenir de tout ce que nous avions souffert jusque-là devait être singulièrement dépassé. Pour un certain nombre, ce fut du reste le mot de la fin.

Le réveil eut lieu à cinq heures, et, en sortant de nos *appartements*, dont la température se pondérait exactement avec celle de l'air extérieur, nous nous trouvâmes dans deux pieds de boue, sous une pluie battante et glaciale, et empêtrés à ce point que, pour avancer de trois pas, l'on était obligé d'en faire deux en arrière.

Chacun essayait pourtant de préparer le café, lorsque le commandant survint, donnant l'ordre de renverser les marmites. Le bataillon allait partir tout de suite, disait-il.

On abattit les tentes, on fit les sacs et l'on attendit, tristes et maussades.

Onze heures venaient de sonner à l'église de Coulmiers, que nous étions encore pataugeant dans la boue.

Pour ne pas absolument geler sur place, on courait au village pour revenir un instant après s'informer si l'ordre de départ n'était point survenu.

Durant ces courtes pérégrinations, fréquemment réitérées, l'on causait avec les paysans, qui nous racontaient leurs malheurs, et l'on examinait les travaux de défense des Bavarois, les positions qu'ils avaient occupées la veille, les cadavres qu'ils avaient laissés, etc., etc.

Comme chacun sait, les Allemands emportent toujours leurs morts, afin de laisser ignorer à l'ennemi le chiffre de leurs pertes; cependant, lorsqu'ils ne sont pas vainqueurs, force leur est bien de laisser sur le terrain les soldats tombés sous les derniers coups.

C'est ainsi qu'il nous fut possible de préjuger de leurs pertes, qui se montaient à 7,000 hommes, les prisonniers compris.

Quoique les gens du pays eussent déjà enlevé dans leurs charrettes une certaine quantité de ces Bavarois, le parc de Coulmiers, la route d'Orléans et les abords de la grande ferme en étaient encore semés.

Il nous était facile aussi, tout en les comptant, de voir quels coups effroyables notre artillerie leur avait prodigués. L'effet des balles de chassepot excitait encore notre curiosité.

Ces engins sont vraiment terribles. Nous pûmes en juger par le cadavre d'un chasseur bavarois, entre autres, étendu presque sur la lisière du parc.

Il avait reçu — probablement de très-près — une balle dans la tête, et cette balle, après avoir fait au milieu du front une toute petite étoile sanglante, où ne serait pas entré le petit doigt, était ressortie à la partie postérieure du crâne, par un trou large comme la main.

Les uns étaient coupés par le milieu du ventre, et leurs entrailles se répandaient dans l'herbe; les autres étaient marqués d'une ligne rouge à la gorge : un coup de baïonnette; quelques autres laissaient voir une partie de leur crâne défoncé, les yeux sortis de leurs orbites.

Enfin, que voulez-vous ? c'est le spectacle habituel

des guerres. Pour un bon nombre, nous avions déjà vu cela. Ce n'est pas nouveau, et, malgré les efforts des gens de bien, l'humanité n'est pas près de voir cesser ces jeux sanglants.

En dépit de tous les rêves, de toutes les théories les plus sublimes, il faut en prendre son parti.

Une chose nous étonnait au-delà de tout, par exemple : la fraîcheur des uniformes bavarois.

C'est alors que nous commençâmes à comprendre que certains journalistes pouvaient bien nous abuser singulièrement.

Toujours ils nous représentaient les Allemands comme des gens faméliques, minables, remplis de vermine, succombant sous le poids des fatigues de cette longue campagne et complétement découragés ; et, pas du tout, voici que tout à coup nous avions sous les yeux des gaillards de six pieds, solides, bien bâtis, et que la mort avait dû trouver — cela était visible — en parfaite santé, bien vêtus, couverts de beau et bon linge et l'aspect encore menaçant.

Pour la plupart, ils étaient même habillés de neuf, à ce point que leurs vêtements n'avaient pas encore pris pris la forme du corps, et que le drap n'en était point décati.

Nous nous montrâmes même les uns aux autres un officier bavarois, ganté de frais, qui, le matin de la bataille, avait dû faire une toilette minutieuse, cela était encore reconnaissable.

Il est certain que, durant le séjour de ces messieurs à Coulmiers, les lavabos, cosmétiques, savons, huiles antiques et vinaigres aromatiques du château avaient amplement été mis à contribution.

Cela ne veut pas dire qu'ils se fussent privés des bons vins de la cave ni des superbes volailles de la basse-cour. Nous vîmes tout cela en examinant les traces de leur passage. Quel gâchis !

Mais, si les morts Allemands jonchaient le terrain, les nôtres se voyaient aussi de côté et d'autre.

Quelques uns avaient été tués par des boulets français et d'une façon hideuse.

D'autres, au contraire, gardaient dans la mort une physionomie sereine.

Ainsi, l'un de ces pauvres troupiers d'infanterie — eune soldat — avait eu le sommet de la tête enlevé par un boulet de la batterie du Grand-Lus, et si net que toute la masse encéphalique s'était répandue à terre.

Cette tête, complétement vide jusqu'à la naissance du col et l'intérieur du crâne comme lavé à grande eau, faisait l'effet, en raison de la pâleur du visage, d'un de ces modèles de plâtre que l'on voit chez les peintres. Il semblait impossible que cela eût vécu. La physionomie était restée calme et les traits reposés. Evidemment ce malheureux n'avait pas même eu conscience de sa mort,

Et il restait là ainsi, un bras sur la poitrine, l'autre le long du corps, tandis que chacun, en passant, entraînait par mégarde à la pointe de son soulier un peu de sa cervelle délayée dans la boue.

Pauvre diable ! sa vieille mère l'attend peut-être encore au village !

Du reste, tous ces cadavres disparaissaient peu à peu. Les gens de Coulmiers, munis de leurs charrettes, transportaient, sans les mêler toutefois, Allemands et Français dans de grandes fosses, où ils sont encore sans doute, à moins que l'on n'ait pris le sage parti de les brûler.

Tandis que les paysans accomplissaient leur funèbre besogne, nous les interrogions sur les avanies subies durant l'occupation allemande. Alors ils ne tarissaient plus.

« — Ils nous ont tout pris, les gueux ! il ne reste plus rien dans le village ! Pour vingt francs, vous n'auriez pas un petit verre d'eau-de-vie ou une demi-bouteille de vin, — ce n'était que trop vrai, — ni même de pain, puisque votre général a donné l'ordre hier d'en cuire, et que toutes les femmes du village, à c't'heure, sont occupées à défourner.

« Ils nous ont tout pris, je vous dis.

« Ah ! ils mangeaient bien, les gredins ! la volaille, les cochons et le reste ! Et puis ils se servaient de notre linge pour bouchonner leurs chevaux, et quand ils l'avaient bien sali, vous croyez peut-être qu'ils nous le rendaient? Pas du tout. Ils en faisaient des tas dans la rue et y mettaient le feu. Oui ! il était temps que ça finisse ! Aussi, quand nous avons vu arriver hier soir les pantalons rouges, nous étions joliment contents, allez !

« Les officiers s'attendaient bien, les gredins, que la bataille se ferait de nos côtés. Tous les jours ils étudiaient le terrain, ils plaçaient les canons, ils les déplaçaient. Pas moins que vous les avez surpris tout de même. Ils ne s'imaginaient pas être battus comme ça ! »

En effet, ces paysans avaient raison, et il était facile de s'assurer de la véracité de leurs dires. Les vestiges des épaulements creusés en avant du village pour les batteries étaient encore très visibles, et, au centre du parc, les arbres avaient été abattus et enlevés, afin de laisser aux artilleurs la facilité de manœuvrer promptement leurs pièces d'une face à l'autre du parc.

Puis les soldats avaient enchevêtré les branches d'une façon inextricable, ce qui, tout en leur laissant la vue parfaitement libre, les rendait invisibles. Enfin, suivant leur coutume, ils n'avaient négligé aucune précaution.

Aux paysans de Coulmiers se mêlaient aussi des gens d'Orléans, venus pour s'enquérir de la bataille et nous apprendre en même temps la délivrance de leur ville.

Ils nous racontaient comment ils avaient d'abord, dans leur anxiété, entendu les premiers coups de canon, puis ensuite, dans des frémissements de joie, le rapprochement de plus en plus marqué de la lutte, qui présageait la victoire.

Les Bavarois restés dans Orléans s'étaient alors, tout penauds, rendus sans résistance. Du reste, la plupart d'entre eux ne s'attendaient guère à une bataille.

Leurs généraux les avaient tellement habitués à considérer l'armée de la Loire comme un ramassis de chenapans indisciplinés, qu'ils ne s'en inquiétaient guère et ne s'attendaient nullement à être attaqués par elle; aussi, le matin du 9 novembre, n'en pouvaient-ils croire leurs yeux ni leurs oreilles.

La plupart étaient partis d'Orléans la tête basse; beaucoup même pleuraient dans les rues en disant : « *Capout Bayern, capout!* » s'écriant qu'ils ne reverraient plus leurs femmes ni leurs enfants, que leur contrat avec la Prusse expirait le jour même, etc. ; puis ils traitaient Von Bismarck de scélérat, — cela est authentique ; — bref, s'ils n'avaient pas jeté leurs armes, ce n'est pas que l'envie leur en manquât, mais, retenus dans le rang par la terrible discipline, il avaient marché contre nous.

Quelques-uns de ces gens d'Orléans venaient chercher un ou deux blessés pour les soigner chez eux, et d'autres apportaient du vin. Le bataillon eut même en partage deux tonneaux, que, cette fois, M. Galimard laissa mettre en perce. Ce fut pour les vieux Chinois, sous cette pluie désespérante, comme un rayon de soleil, et ils déclarèrent que les Orléanais, malgré leur attitude vis-à-vis des Prussiens, avaient du bon.

Des *reporters* s'informaient aussi des détails qu'il nous était possible de leur fournir, et l'on voyait même quelques farceurs de l'ambulance internationale, arrivés en voiture le cigare aux lèvres et la bedaine remplie, s'informer, avec une sollicitude touchante, de quelques blessés, qui leur avaient été désignés *la veille* comme se mourant sur le revers de la route.

Seulement, au lieu de venir le 9 novembre à onze heures du soir, ils arrivaient le 10 à onze heures du matin : différence d'un tour de cadran, voilà tout.

— Vos blessés? fit Desbois qui ne se piquait pas d'atticisme. Ils sont crevés maintenant ; emportez-les et il les leur montrait étendus dans les fossés.

Ces messieurs parurent se consulter, consulter leur montre, le ciel gris, nos physionomies irritées, et tournèrent bride sur Orléans, plus raide qu'il ne serait possible de l'exprimer.

Il pouvait être onze heures et demie lorsque, enfin, les clairons sonnèrent la marche.

On se forma en colonne, et l'on partit à travers champs, en tournant le dos à Coulmiers.

Il faisait un froid si intense que nous pouvions à

peine tenir nos fusils, et pour comble de vexations, le commandant venait de donner l'ordre de rouler les manteaux sur les sacs.

A chaque pas, l'on enfonçait davantage dans la boue, et l'on était obligé à des prodiges d'équilibre pour ne pas tomber. Enfin, après une heure de cette marche, nous arrivâmes en vue d'Epieds sur notre droite. Aussitôt, l'on fit halte pour nous ranger en bataille par divisions à demi-distance, face à Epieds.

L'artillerie se rangeait également en bataille à notre gauche et le 31e de marche, appuyé à une vaste ferme, se trouvait à la gauche de l'artillerie.

On nous plaçait ainsi, paraît-il, pour attendre les Bavarois que l'on devait attaquer par Saint-Péravy-la-Colombe, Patay, etc., — il était trop tard malheureusement, — et qui, une fois battus, seraient refoulés sur la route de Tournoisis à Coulmiers où nous leur donnerions le coup de grâce.

Voilà, du moins, ce que les officiers nous expliquaient pour nous faire prendre patience, car il nous en fallut, Dieu le sait!

A peine étions-nous rangés en bataille que la neige commençait à tomber, se fondant au fur et à mesure, et ainsi, les pieds enfoncés dans la boue glaciale, grelottants sous nos petites vestes, notre seul abri contre le froid, il fallait rester *immobiles*, le fusil entre les bras, sans rompre l'alignement. Cela dura quatre heures: quatre heures, pendant lesquelles la neige ne cessa de tomber.

Par moments, la raffale devenait si violente, les flocons, tombaient tellement épais et serrés, que nous avions peine à distinguer les deux compagnies du 8ᵉ, alignées à cinquante mètres devant nous.

Quant à l'artillerie, elle était devenue complétement invisible. Pour le 31ᵉ de marche, il nous révélait de temps à autre sa présence par des clameurs qui arrivaient à nos oreilles comme des gémissements désespérés. L'on crut même à l'arrivée des Bavarois.

Cette neige, ne tenant pas au sol, augmentait encore la boue ; puis, à force de piétiner sur place pour ne pas périr de congélation, on sentait le froid vous envahir jusqu'au cœur. Nous avions fait de notre terrain un véritable cloaque, dans lequel nous enfoncions jusqu'à mi-jambes.

Et ainsi, aveuglés par la neige, tournant sur nous-mêmes, nous meurtrissant réciproquement avec nos fusils que chacun tenait comme il pouvait, on rompait à tout instant l'alignement, reformé à force de sonneries, et rompu de nouveau l'instant suivant. Nos vêtements trempés, ruisselants, nos sacs bondés, nous écrasaient, et l'on sentait le froid de la neige fondue jusque dans la moelle des os.

Ah! combien, nous regrettions notre charge à la baïonnette de la veille!

Qu'est-ce que le risque d'une balle contre des souffrances pareilles, disions-nous ?

Quelques-uns, pleurant de rage et de froid, laissaient tomber leurs armes dans la boue où elles s'ensevelissaient, puis les reprenaient pour les laisser tomber encore. D'autres, dans l'espoir de trouver un abri, couraient se réfugier dans une carrière à ciel ouvert, proche de notre emplacement, et il fallait à toute minute les faire déguerpir pour les contraindre à revenir dans le rang, lorsque soi-même on fût resté cent fois avec eux.

Et pendant chaque éclaircie, comme l'on distinguait de droite et de gauche, dans la plaine boueuse, des monticules couverts de neige : cadavres qui çà et là, mouchetaient la campagne de points blancs et funèbres, eau coup s'écriaient à leur aspect : Ah! ils sont bien heureux ceux-là! ils ne souffrent plus!

Du reste, quelques-uns, à bout de forces, tombaient raide à terre. On dut les transporter tout de suite dans une ferme voisine pour les évacuer ensuite sur les ambulances.

Mais cela n'était que le prélude, et désormais les malades allaient entrer par douzaines dans les hôpitaux.

Il était quatre heures et demie environ lorsqu'enfin on reçut l'ordre de marcher en avant. Décidément, les Bavarois ne venaient pas.

On se reforma en colonne, et l'on partit, les uns laissant dans la boue leurs souliers, les autres leurs guêtres, quelques-uns s'y laissant eux-mêmes.

Quant à l'artillerie, cela faisait peine à la voir démarrer. Les roues étaient enfoncées jusqu'au moyeu dans la vase, et les artilleurs avaient beau frapper sur leurs chevaux, ils ne pouvaient sortir les pièces de ces plaines de la Beauce, transformées en un bourbier sans nom. Ils y parvinrent cependant en doublant les attelages.

Enfin, après avoir traversé Epieds, aux trois quarts démoli et incendié, avoir semé la plaine d'éclopés et de malades, l'on arriva en vue du village de Champs, où l'on établit le bivouac.

Ce bivouac pour un certain nombre devait être le dernier, mais il fut rude, je vous l'affirme.

La nuit était venue et dans l'obscurité profonde, il fallait monter les tentes-abris : opération impossible à cause de l'état du terrain, car les bâtons de tente s'enfonçaient dans le sol et les piquets ne tenaient pas. Il fallut aller au village de Champs, ceux qui en étaient encore capables, chercher des pierres, des fagots, quelques bottes de paille, afin de confectionner une sorte de plancher sur cette vase qui filtrait toujours néanmoins.

Enfin, à onze heures du soir, il nous était possible de nous étendre sur cette *couche*, grelottants, glacés par nos vêtements tellement trempés qu'il fallut plus de douze heures devant le feu pour les sécher complétement, les jambes déjà à demi-paralysées et tout à fait engourdies.

La neige, du reste, recommençait à tomber, pénétrant, par les interstices des toiles disjointes.

Pour tous, cette nuit d'insomnie fut très-pénible ; mais, pour quelques-uns : atroce.

Bref, le lendemain, nous entrions à l'ambulance au nombre d'une trentaine environ.

La bataille de Coulmiers n'avait coûté que cinquante hommes.

A dater de ce jour, du reste, jusqu'au 18 ou 20 novembre, époque à laquelle on se décida à cantonner le bataillon dans les fermes et les granges et à lui acheter des peaux de mouton, des tricots, des bas de laine, des ceintures, etc., les malades devaient se suivre à la file dans les hôpitaux et les ambulances.

La saison âpre et rigoureuse, tant souhaitée par les journalistes en question, s'était abattue sur nous, et tandis que les farceurs s'étalaient en périodes ronflantes et sonores, l'on charriait dans les hôpitaux les victimes de cet hiver, leur idéal!

Quantité de ces victimes périssaient, d'autres en étaient quittes pour la paralysie d'un bras ou d'une jambe, et le plus petit nombre en sortait sain et sauf!

## XXX

### DE PATAY A TOULOUSE.

Du bivouac de Champs, l'on nous transporta jusqu'à Patay, en passant par Saint-Sigismond et Saint-Péravy-la-Colombe, qui gardaient aussi quelques traces de la bataille. On voyait même çà et là des cadavres allemands à demi enterrés dans la boue.

Toutes les ambulances de Patay se trouvant occupées, on nous conduisit chez les particuliers qui nous reçurent du reste à bras ouverts.

Nous étions descendus, au nombre d'une demi-douzaine, chez M. Lahaye, marchand de chevaux. Il nous reçut avec l'hospitalité la plus franche et la plus cordiale. Sa femme, ses domestiques, lui-même, se hâtaient pour préparer ce qui nous était nécessaire.

En un clin d'œil, les lits étaient dressés dans de bonnes chambres chaudes, l'on nous apportait vins, cordiaux, bouillons, etc.; l'on nous traitait, en un mot, avec la sollicitude la plus empressée.

Et comme l'on remerciait ces gens avec effusion:

— Laissez donc, laissez donc, disaient-ils, c'est bien le moins, vous êtes nos enfants.

— Allons, pensâmes-nous, il y a encore en France des cœurs français!

Puis, ils nous renseignaient sur les suites de notre bataille, et c'est alors qu'il nous fut facile de comprendre quelle faute on avait commise en ne nous lançant point le soir du 9 novembre à la poursuite des Allemands, car il nous eût été possible d'atteindre à Gémigny, avant la nuit close, une grande portion de l'infanterie bavaroise exténuée et démoralisée.

Il faut croire que, pour venir d'Orléans et des alentours, les soldats allemands avaient aussi fait le jour et la veille des marches forcées, car ils s'appuyaient le long des maisons pour ne pas tomber. Ils défilèrent toute la nuit du 9 au 10 dans Patay, sombres, silencieux, ne laissant pas échapper une parole.

Nous, au contraire, fiévreux et surexcités par la victoire, nous eussions marché jusqu'à extinction de forces; mais, outre cette faute grave, la cavalerie, pour une cause ou une autre, n'avait pas donné.

Le général Reyau qui la commandait, donna bien le lendemain sa démission, mais tout cela ne raccommodait pas les choses.

Si les cuirassiers, formés en colonne sur la grande route d'Orléans, eussent continué leur charge de Tournoisis à Saint-Péravy-la-Colombe, ils coupaient toute retraite à l'artillerie allemande, s'emparaient d'une quarantaine de pièces au moins et rabattaient sur Saint-Sigismond, Epieds et Gémigny, douze à quinze mille fantassins que nous faisions prisonniers. Mais à la seconde volée des pièces allemandes braquées en avant de Saint-Péravy pour protéger la retraite de leur armée, toute la cavalerie française reçut l'ordre de rétrograder.

Cela nous fut affirmé maintes fois par nombre de cuirassiers qui faisaient partie de cette charge. Pourquoi cet ordre fut-il donné? Encore une chose que l'histoire dira peut-être un jour. Dans tous les cas, cette bataille, qui devait se terminer par une effroyable déroute des

Allemands, — l'anéantissement peut-être de l'armée bavaroise — se réduisit à une simple défaite.

Cette défaite, néanmoins, les consterna profondément, et si l'on se fût avancé sur Paris, sans perdre de temps, qui sait ce qu'il en fût advenu ?

Les Bavarois étaient trop démoralisés pour répondre sérieusement à une nouvelle attaque, Frédérick-Charles était encore loin; on se fût donc trouvé en présence des corps opérant sous les murs de la capitale. Alors Trochu averti, eût peut-être fait une sortie décisive, si toutefois la sublime *internationale* n'eût pas profité de l'occasion pour mettre à exécution ses gracieux projets.

Mais l'on attendit trois semaines, Frédérick-Charles arriva, et l'occasion perdue ne se retrouva plus.

Certes non, les Allemands ne s'attendaient guère à une défaite. M. Lahaye qui, pendant trois semaines, avait été obligé de subir à sa table tout l'état-major du prince de Saxe, nous racontait que, durant chaque repas, lorsqu'il parlait de l'armée de la Loire, ces officiers se prenaient à rire insolemment ou disaient avec leur politesse exquise, plus insolente encore : Monsieur et Madame, veuillez croire, veuillez bien croire que cette armée existe sur le papier, elle manœuvre sur le papier, mais non ailleurs. Ah ! c'est une fort belle armée de papier.

Ils appelaient encore l'armée de la Loire « une farce » de Gambetta. Aussi durent-ils être évidemment mal à leur aise en voyant arriver au loin cette « farce » marchant en ordre de bataille sur un front de seize kilomètres, et munie de gueules de bronze d'un aspect peu amical. Elle dut leur sembler amère. Et non-seulement elle leur parut ainsi le 9 novembre, mais jusqu'au dernier jour, car, bien que battue et disloquée, elle leur fit constamment essuyer des pertes cruelles.

Les officiers disaient encore, lorsqu'avant le 28 octobre on leur parlait de Metz :

— Metz, oh ! Metz est acheté, Metz est à nous et Bazaine aussi. Vous verrez cela un de ces jours ! Etait-ce pure calomnie ? simple intention d'attrister leurs hôtes ? l'histoire appréciera. Mais cela est une chose certaine que tous les officiers de l'état-major du prince de Saxe ont affirmé, lors de leur séjour dans Patay, l'acquisition à la Prusse du maréchal Bazaine.

Et, dans tous les cas, l'événement semble leur avoir singulièrement donné raison.

Ces chefs allemands, tout en mangeant comme des ogres et en buvant comme des trous le bien de leurs hôtes désespérés, se comportaient assez convenablement, paraît-il; mais leurs soldats avaient parfois besoin d'être rappelés à l'ordre, ils s'oubliaient. Ainsi le valet de chambre du prince de Saxe s'oublia un jour au point d'emporter une paire de draps dans laquelle avait couché son maître de passage à Patay et logé en cette occasion chez un docteur, voisin de M. Lahaye. Ce serviteur dévoué considérait-il que des draps, ainsi honorés par le prince de Saxe, ne devaient plus servir à un « vil franzore, » ou entendait-il tout bonnement en fabriquer des chemises à l'usage de sa Gretchen ? Cela, l'histoire ne le dira pas, et elle fera bien, car si elle devait s'occuper de tous ces menus détails, peut-être lui faudrait-il, pour la seule invasion de 1870-1871, des in-folios en assez grand nombre pour remplir tous les rayons de la bibliothèque nationale! Mais ce peuple allemand est si doux, si bon, si honnête, si franc, si loyal, si *humani-*

*taire* dans sa philosophie éthérée et nuageuse, que l'on peut bien lui pardonner ces peccadilles.

Nous restâmes à Patay jusqu'au 15 novembre, l'on nous transporta ensuite aux ambulances d'Orléans, puis le soir du 18, comme l'on craignait une attaque de l'armée allemande — elle n'avait garde en ce moment ! — l'on évacua sur les villes du midi tous ceux qui pouvaient supporter le trajet, accompli, du reste, en seconde ou en première classe.

Nous fûmes dirigés, quelques-uns du 7ᵉ de marche, sur Vichy où nous restâmes jusqu'au 23 novembre pour être envoyés à Alby, puis enfin, comme ces trimballements, commençaient à nous ennuyer, et que d'ailleurs, pour la plupart, nous recommencions à être assez valides, nous demandâmes le 30 novembre à rejoindre notre bataillon. Mais, comme l'on ignorait son cantonnement dans l'armée de la Loire, on prit le parti plus simple de nous expédier sur Toulouse en qualité de convalescents au 8ᵉ bataillon de chasseurs qui avait fourni 300 hommes au 7ᵉ de marche.

Une fois à Toulouse, nous étions de nouveau à la disposition de l'autorité militaire et prêts à repartir au premier signe.

Comme nous quittions Alby, nous fûmes témoins d'un spectacle qui nous donna fort à penser.

Sur les promenades qui aboutissent au Tarn, manœuvraient, non loin des recrues du 15ᵉ de ligne, des myriades de gens en blouse, en paletot, en redingote, qui, le fusil à piston entre les bras, s'essayaient à présenter les armes ou à ébaucher une charge en douze temps.

Nous demandâmes quels étaient ces guerriers, et l'on

nous apprit que nous avions devant les yeux les mobilisés du Tarn : les plus avancés, ajoutait-on avec orgueil, de tous les départements du Midi.

Or, cela se passait le 1<sup>er</sup> décembre.

Ainsi, ces célibataires de notre âge, qui, depuis longtemps, auraient dû se trouver aux armées, commençaient seulement alors, tranquilles comme de bons bourgeois, le maniement de l'arme !...

Certes, il faut le dire, Gambetta fit de lourdes fautes, mais la plus lourde peut-être fut la création de *la mobilisée*. Cette troupe indécise, hésitante, ni bourgeoise, ni militaire, le leurrait constamment lui-même par le chiffre de ses effectifs formidables qu'il s'obstinait à prendre au sérieux.

Gambetta s'écriait : l'armée du Nord est forte de 80,000 hommes, sans vouloir admettre que trois vieux régiments de ligne eussent mieux valu que les 45,000 mobilisés dont elle était composée. Et Faidherbe, qui disait sans cesse : j'ai 80,000 hommes dans mon armée, dont à peine 35,000 soldats, ne parvenait pas à le convaincre, pas plus que Bourbaki, Chanzy et les autres.

La création de cette mobilisée fut une chose inouïe, en raison surtout du précédent offert par la mobile, et l'on a peine à concevoir que, malgré le précepte *non bis in idem*, Gambetta soit retombé dans la lourde boulette commise par l'empire, qui avait au moins pour excuse, — si toutefois excuse l'on peut admettre, — d'ignorer le résultat de cette innovation.

Si Gambetta s'en fût tenu aux termes de la loi Kératry, qui incorporait sous les drapeaux *de l'armée active tous les célibataires âgés de vingt-cinq à trente-cinq ans*, et n'eût point formé de ces célibataires une armée auxiliaire, qui n'aida personne et ne servit à rien, si ce n'est à grever le budget et à jeter la panique dans les rangs, ces inutiles mobilisés fussent peut-être devenus, une fois bien commandés, d'excellents soldats. Vers la fin du mois de janvier, l'on se décida à disséminer dans les rangs de l'armé active quelques régiments de ces auxiliaires, mais il était trop tard.

D'ailleurs, ces gens ne se gênaient pas pour nous répéter constamment : Nous ne sommes pas soldats, nous autres ! Nous ne sommes pas soldats ?

Et puis, comment espérer que, dans un pays où l'insurrection et l'ergotage sont à l'ordre du jour, des hommes de trente et trente-cinq ans vont se plier, en quelques semaines, à la discipline militaire, commandés par des chefs qui n'en sont pas et avec lesquels ils sont depuis longtemps familiers ?

Comment espérer surtout que des marchands de faïence ou de verres à bière vont s'improviser officiers savants, théoriciens, tacticiens habiles, prévoyants, expérimentés ?

Au temps de la grande révolution et des fusils à silex, il n'était peut-être pas besoin de tant de qualités pour faire un bon chef; mais, dans notre époque de balistique et de boulets percutants, tout cela est indispensable. Nous ne parlons pas du courage.

Or, faute de *discipline* chez les soldats et de *science* chez les officiers, une armée est impossible.

Et non-seulement ces officiers de mobilisés ne possédaient ni science ni discipline, mais tous n'avaient pas même la notion du courage, et, en tous cas, à peine au bivouac ou au cantonnement, au lieu de s'enquérir du bien-être de leurs troupes, de leur nourriture, des choses les plus indispensables, ils les abandonnaient au hasard, pour courir dans la ville se mirer devant les glaces des cafés et s'asseoir sur les banquettes à dossier de velours rouge, afin de mieux faire ressortir leurs galons d'or.

Notez qu'ils coûtaient à l'État absolument le même prix qu'un officier de l'armée active.

A coup sûr, il en était de sérieux dans le nombre, de bons chefs, soucieux de leur métier, instruits, de véritables héros même, et ceux-là n'en sont que plus à plaindre, mais ils étaient clairsemés, il faut bien le dire.

Nous quittâmes donc Alby, singulièrement stupéfaits, et ruminant, chacun à part soi, sur les progrès de ces mobilisés du Tarn, qui étaient les plus forts du Midi! Mais nous n'étions pas au bout de nos étonnements, et la ville de Toulouse nous en réservait d'autres.

En effet, au bout de quelques heures de séjour dans la vieille cité des Capitouls, nous étions fixés sur une foule de de points obscurs auparavant.

Tandis que les villages de la Beauce et de la Normandie flambaient comme des feuilles de papier sous les obus au pétrole, que des populations françaises, sans pain, sans asile, erraient par tout le pays, traînant à leur suite des enfants à demi-morts de froid, que des fermiers français vendaient à l'ennemi les bestiaux destinés à nos troupes, que des espions français éclairaient les Prussiens sur la marche des armées françaises, que Paris, affamé, résistait héroïquement aux armées allemandes; que l'Internationale paralysait les efforts de la défense, que nos soldats épargnés par les balles et les obus crevaient de froid, de variole et de dyssenterie, que la moitié de la France était plongée dans le deuil et la désolation, et qu'il eût fallu, à défaut d'une douleur profonde, en montrer au moins l'apparence, Toulouse tenait ouvertes les portes de ses théâtres, et l'on chantait la Favorite au Capitole, tandis que les Variétés affichaient *la Corneille qui abat des noix!* Les cafés-concerts et les bals publics recevaient leur clientèle accoutumée, et des jeunes gens de vingt à trente et trente-cinq ans, très-bien portants d'ailleurs, encombraient en foule de leur oisiveté, les estaminets, et les cafés de la ville qui regorgaient.

Personne, du reste, n'inquiétait ces francs-fileurs, comme les a si bien stigmatisés un homme d'esprit : Pierre Véron! Ils étaient venus là de tous les points de la France, chassés par l'invasion, surtout par la terreur de la loi Kératry, et ils vivaient dans Toulouse absolument comme s'ils eussent été domiciliés sur les joyeux boulevards, au temps du sieur Bonaparte.

Cependant, le préfet de la Haute-Garonne, afin de donner satisfaction aux plaintes et aux récriminations des familles dont les fils étaient aux armées, affectait parfois de pourchasser ces réfractaires ; alors, quelques-uns, dans la crainte d'être appréhendés, sachant d'ailleurs que les Allemands ne s'emparaient pas des jeunes gens, comme on l'avait d'abord fait croire, repartaient en toute hâte dans leurs départements envahis, apportant ainsi aux Prussiens le spectacle de leur bravoure et de leurs cols cassés.

Et il fallait entendre ces politiqueurs d'occasion : — Trochu, un bénédictin! — Ducrot, un phraseur! — Gambetta, un petit avocat! — Paladines, un traître! Puis, en manière de péroraison, ils sifflottaient, comme si l'on eût encore vécu au temps de leur idole *Thérésa*, et qu'un abîme ne nous séparât point de cette époque :

Rien n'est sacré pour un sapeur, ou variaient par un refrain idéal : Bu qui s'avance !

Et quand on les poussait un peu : Que ne vous mettez-vous de la partie? Peut-être changeriez-vous tout cela? Qui sait, vous nous amèneriez peut-être la victoire? Alors, ils ricanaient bêtement disant : Ah ben, nous ne sommes pas soldats ! Ah ! ça mais alors décidément qu'étions nous donc nous autres : des dupes ?. . . .

. . . . . . . . . . . . . . . . . . . . . . .

Et puis, l'on entendait encore les purs, les démocrates intègres de la sociale, les anciens de 48.

Ceux-là ne s'inquiétaient pas plus de nos revers ou de nos victoires que si la France n'eût pas été envahie. Une seule chose les préoccupait :

La sociale deviendrait-elle le gouvernement de la France, une fois la guerre terminée? Hors de la sociale, point de salut. Et ils ne nous demandaient pas si l'armée était résolue à combattre jusqu'au dernier sang, mais bien si elle saurait conserver la République sociale.

Quant aux jeunes gens de la ville tombant sous le coup de la mobilisée, les uns qui, de leur vie, n'avaient accompli une heure de service militaire, se faisaient nommer officiers d'administration, et, le soir, allaient au théâtre exhiber, dans des loges d'avant-scène, leurs uniformes sauveteurs. Les autres se rajeunissaient ou se vieillissaient, suivent l'occurrence, puis, tous en foule, s'élançaient à la curée des places de bureau dans lesquelles ils se retranchaient avec la rage du désespoir.

Certains pères de famille, — riches d'ailleurs, — mais éplorés, couraient solliciter jusqu'au concierge du sous-secrétaire de M. le sous-conseiller de préfecture. Et il ne serait point difficile de citer des noms.

Duportal, qui régnait alors dans Toulouse, s'accommodait assez de ces tripotages, il faut croire, car les emplois ou plutôt les sinécures et les épaulettes à titre auxiliaire pleuvaient comme une bénédiction.

On a souvent accusé l'empire, — et à juste titre, — de favoritisme, mais, pour rendre hommage à la vérité, il faut dire que le gouvernement de la défense nationale dépassa trois fois ce qui s'était fait en ce genre sous Napoléon III.

Gambetta n'en est point coupable de son chef, à coup sûr; mais il n'en portera pas moins la responsabilité, assumée sur sa tête par ses lieutenants.

Enfin, à l'aspect de toutes ces choses stupéfiantes, en entendant aussi les vendeurs de journaux et de dépêches crier par les rues : Dernière victoire ou : Dernière défaite des *Français de la Loire*, un sou! tout comme s'ils eussent été d'autres Français, c'était à se demander si vraiment l'on était bien en France ou ailleurs.

Ce qui n'empêche que la vieille cité des Armagnacs avait aussi tout comme une autre ses patriotes et ses gens de cœur, mais ceux-là depuis longtemps, ou avaient échangé le col cassé du gandin contre la cravate bleue du troupier et marchaient simples soldats peut-être, le sac au dos, dans les plaines de la Beauce ou du ou trop vieux pour le faire, avaient envoyé leurs enfants.

Nous étions encore à Toulouse le 6 décembre, lorsque parvint la nouvelle de la « retraite » de l'armée de la Loire. C'est ainsi que les journaux qualifiaient l'effroyable déroute des 2, 3 et 4 décembre; disant que, pour éviter l'incendie de la ville d'Orléans, l'armée avait dû « se replier » en « bon ordre » derrière la Loire.

Nous fûmes bientôt à même de connaître la triste vérité. Néanmoins Duportal devait savoir à quoi s'en tenir, car il fit aussitôt fermer les théâtres et les bastringues.

Enfin, nous étions ainsi, depuis huit jours, annexés au 8ᵉ chasseurs, comme convalescents; personne ne s'inquiétait de nous, et nous fussions restés comme cela indéfiniment lorsque nous prîmes le parti de demander au général commandant la division à rejoindre notre bataillon; ce qui nous fut accordé, non sans difficulté, car l'on ignorait absolument où il pouvait alors se trouver.

On nous délivra donc des feuilles de route à la destination de Tours en nous disant : vous vous informerez là; l'intendance doit être au courant de la ligne de bataille occupée par le 7ᵉ de marche et saura vous diriger.

Le 10 décembre, dans l'après-midi, nous quittons Toulouse.

## XXXI

### PANIQUE DE TOURS.

A minuit nous arrivions à Bordeaux, et le lendemain matin, 11 décembre à Poitiers ; les trains civils s'arrêtaient en cet endroit, ce qui nous parut concluant.

Du reste les journaux nous avaient appris la translation du gouvernement de Tours à Bordeaux, et bien qu'ils eussent donné pour raison de cet événement les entraves apportées, dans les opérations militaires, par la présence du gouvernement dans la ville de Tours, nous n'en étions pas dupes.

En effet, à peine Châtellerault dépassé, nous commencions à entrevoir ce que lesdits journaux s'obstinaient à nommer « le reploiement en bon ordre de l'armée de la Loire » et pourquoi Gambetta filait sur Bordeaux.

A midi, nous remontâmes dans un train militaire, bourré de soldats de toutes armes et comme nous rejoignant leurs corps ; il y avait là, entre autres, les débris d'un détachement de 500 zouaves, venant d'Antibes, qui, arrêté dans les neiges, du côté de Carcassonne, avait dû descendre de wagon et chercher un gîte au hasard.

Les soldats, trompés par la neige et la nuit, s'étaient répandus de tous côtés, perdus et déja se trouvaient en déroute, avant d'avoir rejoint leur régiment.

Ces malheureux se rendaient à Tours, comme ils fussent allés à Issoundun ou à Chandernagor.

L'intendance de Béziers leur avait dit : allez donc voir un peu à Toulouse, peut-être vos camarades y sont-ils, et à Toulouse une autre intendance leur avait répondu : votre détachement : inconnu ! vous ne feriez pas mal de pousser jusqu'à Tours ; d'autres n'avaient pas pris tant de peines, ils étaient retournés tout droit jusqu'à Antibes.

Et ce n'est pas une fois que semblable fait s'était produit et devait se produire encore, mais qu'était-ce que la déroute d'un détachement auprès de ce que nous allions voir !

A sept heures du soir, nous arrivions à Tours, ne sachant où aller. il faisait un froid épouvantable, l'état-major de la place devait être fermé, et la mairie également, pensions-nous ; aussi se mit-on en quête d'un hôtel, auberge ou restaurant, afin d'y passer la nuit, mais, peines inutiles, tout était rempli, littéralement rempli, des caves aux greniers. Des soldats de toutes armes, de tous uniformes, dans un état pitoyable, encombraient ces auberges ces restaurants et ces gargottes.

Nous leur demandions d'où ils venaient.

— De là bas disaient-ils, en étendant le bras dans la direction d'Orléans.

— Où allez-vous ?

Ils levaient les épaules en signe d'ignorance et de lassitude absolues.

— Où sont vos régiments ?

Ils levaient encore les épaules.

— Et les Prussiens savez-vous ?

— A Blois.

Ils se trompaient, mais de fort peu.

— Nous avons donc été bien battus à Orléans?

— Rincés, rincés, comme verres à bière. Toujours trahis, quoi? toujours vendus!

Et ils se remettaient à manger avidement, insoucieux du reste.

Après avoir soupé dans une de ces auberges, il nous fut possible de nous étendre sur de la paille, dans une maison hospitalière; le lendemain à onze heures, nous étions à l'état-major de la place.

On visa nos feuilles de route, en nous envoyant à la mairie chercher un billet de logement, puis on nous dit: Revenez demain à midi, l'on vous dirigera.

Cela se passait le 12 décembre et le général Sol commandait à Tours; notez le fait.

L'on s'en fut donc par les rues, cherchant les logements; la ville avait singulièrement changé d'aspect depuis notre départ.

Plus de régiments défilant en bon ordre, plus de batteries reluisantes, galoppant les caissons chargés, plus de francs-tireurs, rutilants et neufs des pieds à la tête dans leurs costumes de fantaisie, plus de promeneurs oisifs encombrant la rue Royale et l'avenue de Grammont, plus de solliciteurs empressés, courant vers le palais du Gouvernement, plus de carosses splendides et armoriés, plus de bons bourgeois humant l'air béatement, plus de marchands installés le ventre arrondi sur le seuil de leurs boutiques, plus de riches toilettes distinguées ou criardes, plus de vitrines étincelantes, plus d'étalages somptueux, plus de visages souriants et heureux, l'invasion approchait, et Tours, comme tant d'autres villes allait en goûter les douceurs.

Après la période d'indifférence, de luxe, d'égoïsme,

arrivait la période de gêne et d'humiliations. Le réveil venu, les Tourangeaux allaient enfin s'apercevoir que la France en guerre avec l'Allemagne se trouvait envahie.

Aussi, au coin de chaque rue : une tapissière et des gens effarés et affairés, tête nue malgré le froid, quelques-uns en bras de chemise, chargeant leurs marchandises : draps, laines, vins, grains; leurs mobiliers : bahuts, vaisselles, linge, etc., leurs pénates en un mot. Les hommes jurant et sacrant, les femmes se lamentant, désespérées, folles.

— Est-ce qu'ils vont venir? mon Dieu! est-ce qu'ils vont venir? est-ce qu'on se battra dans les rues?

Puis le pavé et les trottoirs, couverts de soldats crottés, minables, harassés, déguenillés, en armes ou sans armes, chargés comme des mules, ou sans sacs, les capotes déchirées, les uniformes bariolés et méconnaissables, les souliers crevés, percés, les bottes sans tige ou aux trois quarts déchirées, allant, venant, se croisant, s'entre-croisant, se heurtant, cherchant leurs camarades, leurs officiers, avec force cris, plaintes; jurant, réclamant une intendance, du pain, des vivres, une solde : canonniers sans canons, cavaliers sans chevaux, lanciers sans lances, cuirassiers sans cuirasse, officiers sans soldats, soldats sans officiers, une confusion, un gâchis, bref la déroute la plus effroyable.

Au milieu de ce tohu-bohu indescriptible, nous avions cependant aperçu un uniforme bien connu, porté par quelques chasseurs du 7e de marche.

Nous élancer et les arrêter fut l'affaire d'une seconde.

— Où est le bataillon?

Comme les autres, ils levaient les épaules en signe l'ignorance.

— D'où venez-vous?
— D'Orléans.
— Etes-vous conduits par un officier?
— Non.
— Combien êtes-vous?
— Dix, douze.
— Et les autres?
— Tués, blessés, prisonniers, en déroute!
— Où allez-vous?
— A Toulouse; nous partons tout à l'heure.

Ceux-là venaient du 8$^e$, et on les rapatriait vers leur ancien bataillon; puis, quelques instants après, apparaissaient encore cinq ou six autres chasseurs du 7$^e$ de de marche; ceux-ci appartenaient auparavant au 17$^e$, et on les renvoyait sur Douai, en passant par le Mans et Cherbourg.

Toute la journée se passa ainsi à chercher dans cette foule bigarrée, dont la ville était pleine, quelques chasseurs du 7$^e$ de marche, dans l'espoir d'en obtenir de plus amples renseignements.

Le lendemain, 13 décembre, à midi, selon l'ordre donné, nous nous représentions à l'état-major de la place. Mais il s'était passé de singuliers événements depuis vingt-quatre heures.

Les Prussiens, laissant la Loire et Blois sur leur droite, avaient marché comme la foudre. Ils étaient maintenant à Montrichard, on disait même leurs avant-gardes à Bléré, à six lieues; dans quelques heures, le soir même, ils seraient aux portes de Tours.

Le général Sol avait abandonné la ville, emmenant

son état-major, son personnel, les intendances, et, dit-on, faisant rétrograder dans la direction du midi tout le matériel du chemin de fer.

Est-ce réellement lui ou la Compagnie qui donna cet ordre ? je ne le saurais dire, mais à coup sûr tout était évacué. Pour cela nous l'avons vu.

Il ne restait en gare ni une locomotive, ni un wagon.

Bref, le matin du 13 décembre, Tours était livré à un bouleversement inexprimable. Les agitations de la veille n'étaient qu'un faible murmure, en comparaison des clameurs désespérées qui s'élevaient de toutes parts.

Enfin le conseil municipal, présidé par le maire, s'assembla, et il fut décidé que, pour épargner à la ville les horreurs d'un bombardement, on ne la défendrait pas.

On donna des ordres immédiats pour le désarmement de la garde nationale qui, à vrai dire, n'en était pas fâchée ; puis, comme toutes les troupes, même celles en déroute, constituaient pour le pays un danger permanent et sérieux, le maire donna l'ordre d'évacuer la ville dans le plus bref délai.

Il fit afficher par les rues un arrêté enjoignant à tous les soldats en armes, quelle que fût leur position, isolés ou en troupe, d'être sortis de la ville à quatre heures et en marche sur la rive droite.

Tout soldat porteur d'un fusil, rencontré dans les rues passé ce laps, devait être immédiatement désarmé.

D'un autre côté, l'autorité militaire, représentée par un général, — dont le nom m'échappe, — qui, de l'hôtel de ville présidait à la retraite, en la contenant, affichait à son tour que tout soldat, rejoignant son corps sans armes, serait traduit en cour martiale et fusillé.

Cet argument sans réplique et parfaitement concluant était une façon décisive de faire évacuer la ville.

Mais il se passa alors un fait qui dut avoir, pour certains troupiers, de terribles conséquences.

Les agents de l'autorité civile, en vertu des ordres reçus, se répandant par tous les cabarets, hôtels, auberges ou maisons particulières, prévenaient les soldats logés chez les habitants qu'ils eussent à partir au plus vite. Jusque là, rien de mieux, mais ces misérables ou ces imbéciles, outrepassant leur mandat, empoignaient, sans attendre l'heure prescrite, les sabres et les fusils des absents, sabres et fusils que les propriétaires tourangeaux, affolés de terreur, s'empressaient, du reste, de livrer, espérant ainsi échapper à la vindicte prussienne.

Les malheureux, qui avaient eu l'imprudence d'aller manger un morceau à l'auberge voisine, ou courir par les rues, sans leurs chassepots, se trouvaient donc désarmés de cette façon, et lorsque, peu après, rentrant au logement, ils réclamaient leur bien, il ne retrouvaient plus que des sacs, et ils avaient beau crier : peines perdues, car les armes aussitôt saisies étaient apportées sur les quais, où on les embarquait pêle-mêle, avec celles de la garde nationale.

Quelques-uns couraient bien sur les quais et essayaient, à coups de poing, de ressaisir leurs fusils, mais presque tous arrivaient trop tard, les bateaux étaient déjà partis sur Saumur et Angers.

Grâce à ce désarmement traître et sournois, de pauvres soldats furent sans doute fusillés ; peut-être aussi voulut-on bien admettre leurs explications ?. . . . . . . . . . .

Fort heureusement, semblable mésaventure ne nous

arriva point. Par crainte des substitutions de fusils, nous gardions toujours les nôtres en bandoulière, dans les gares, dans les auberges, partout, et cette fois bien nous en prit.

Il serait impossible de rendre l'agitation de Tours dans cette journée; toutes les physionomies, respiraient la terreur, la colère, les angoisses les plus diverses, et l'on entendait les discours les plus fous, les plus niais, les plus raisonnables, les plus désespérés et les plus audacieux.

Les uns voulaient défendre la ville à outrance et s'indignaient contre le maire et le conseil municipal de ce renvoi des troupes qui, après un séjour de quelques heures, continuaient à s'écouler sur la rive droite dans la direction du midi.

— Pourquoi ne pas garnir les positions admirables qui défendent la ville et canoner ces avant-gardes prussiennes sans importance. Demain, dans deux jours, nos troupes seront ralliées.

— Mais non, ils ne le feront pas, les vendus, les traîtres, et l'on disait tout haut que huit millions en or avaient été réunis pendant la nuit à l'archevêché et envoyés aussitôt aux Prussiens à cette condition d'épargner les propriétés cléricales et bien pensantes.

— Parbleu ! voilà pourquoi ils font filer les troupes et désarment la garde nationale.

Enfin l'effervescence était à son comble.

Quelques-uns essayaient de démontrer l'impossibilité d'une défense. Les troupes des 15ᵉ et 16ᵉ corps étaient dans une déroute trop absolue pour se rallier du jour au lendemain.

En admettant, disaient-ils, que les avant-gardes prus

siennes fussent repoussées; le lendemain les masses arriveraient et emporteraient d'assaut la ville, qui n'en souffrirait que plus cruellement par les projectiles d'abord, et ensuite par les réquisitions écrasantes, augmentées en raison de la résistance.

— Allons donc, disaient les autres, vous êtes des bonapartistes, des traîtres, des vendus!

Enfin, une députation s'organisa et obtint du conseil la remise des armes à la condition que les gardes nationaux, ambitieux de défendre la ville, se porteraient en avant à plusieurs lieues, afin que Tours ne supportât point les conséquences de cet acte désespéré.

Cent cinquante gardes nationaux tout au plus se présentèrent, et nous vîmes partir ces courageux citoyens, tambour battant, dans la direction de Bléré.

Mais les Prussiens ne devaient pas encore entrer à Tours ce jour-là. Il est vrai que ce qui était différé n'était pas perdu.

Quand nous entrâmes à l'état-major de la place, le premier mot fut celui-ci:

— Etes-vous armés?
— Oui!
— En ce cas, filez, filez tout de suite sur Saumur, en prenant la rive droite pour plus de sûreté.

Puis on visa nos feuilles.

— Mais une fois à Saumur demandions-nous?
— L'on vous dirigera.
— Et du pain? des vivres? de la solde?
— A Saumur!
— Mais d'ici là?
— Comme vous pourrez.

15.

Fort heureusement, chacun de nous avait quelque argent dans sa poche.

Nos préparatifs furent bientôt terminés, et nous quittions Tours vers trois heures du soir, par une de ces pluies diluviennes de nos étapes d'autrefois.

Quant à la foule des Tourangeaux, plus folle que jamais d'angoisses et d'appréhension, elle faisait retentir l'air de ses lamentations.

## XXXII

### DE TOURS AU MANS EN PASSANT PAR SAUMUR ET ANGERS.

Ainsi, venus pour rejoindre notre bataillon, nous étions rejetés tout à coup dans la déroute de la Loire.

Afin de laisser aux Prussiens le moins de prisonniers possible, l'on avait fait sortir des hôpitaux et des ambulances de Tours tous les blessés et les malades qui pouvaient encore se traîner, et ils marchaient ainsi, sous la pluie et dans la boue, les uns le bras en écharpe, les autres la tête entourée de linges, d'autres encore, appuyés sur des cannes ou des béquilles; s'écartant à toute minute afin laisser passer les troupes en débandade, puis, à bout de forces, s'arrêtaient dans les chaumières et les auberges éparses le long de la route.

Des détachements venus du midi, tout neufs, depuis le sous-pied de guêtre jusqu'à la visière du képi et débarqués à Tours la veille au soir, rétrogradaient maintenant à tout hasard. Puis c'étaient des francs-tireurs isolés, des groupes de cavaliers démontés, des fantassins par bandes de six, huit, dix, douze, quinze, tout cela marchant la tête basse, sans souffler mot.

Il y avait là des gens qui marchaient ainsi depuis huit jours, fuyant, fuyant toujours, séparés de leurs compagnies, de leurs bataillons, à la recherche de leurs camarades, de leurs officiers, en fuite eux-mêmes sur d'autres chemins, et cette lamentable déroute s'étendait ainsi sur la rive droite, depuis Blois jusqu'à Angers et sur la rive gauche jusqu'à Vierzon, Châtelleraut et Poitiers.

Ces troupes étaient celles des 15ᵉ et 16ᵉ corps, les vainqueurs de Coulmiers !

L'armée de la Loire, après les terribles batailles des 1$^{er}$, 2, 3 et 4 décembre, avait été coupée en deux, et tandis qu'une portion, sur la rive droite, soutenait héroïquement la retraite en avant de Blois, de Vendôme et de Châteaudun, se battant à Mer, à Beaugency, à Marchenoir, tous les jours enfin ; l'autre, disséminée encore de toutes parts, abandonnait aux Allemands, en marche sur Tours, la libre possession de la rive gauche.

Nous avancions lentement à cause de la nuit noire, cependant, il fallait arriver à Langeais (30 kil.) que l'on nous avait assigné comme première étape, et aucun de nous ne songeait à s'arrêter.

Les misères recommençaient, mais bien autrement pénibles, puisqu'au lieu de marcher à l'ennemi nous lui tournions le dos.

Toutes les fatigues passées, toutes les souffrances subies, tout cela était devenu inutile.

Le terrain conquis pied à pied, si âprement, si laborieusement, était perdu désormais, les Prussiens allaient entrer à Tours. Quel malheur !

Puis, tout à coup, c'étaient des explosions de fureur. Les soldats débandés, marchant autour de nous, racontaient la bataille d'Orléans, chacun à leur manière, qui n'était pas toujours très-lucide. Mais l'on comprenait néanmoins que cette fois encore nous avions été surpris, tournés, et que, dans tous les cas, les obus étaient tombés dans la soupe !

A les entendre, Paladines, tant porté aux nues le

9 novembre, était un misérable traître, qu'il eût fallu fusiller séance tenante.

Pourquoi était-il resté trois semaines dans l'inaction après la bataille de Coulmiers?

Selon d'autres, Gambetta était cause de tout, il avait imposé ses plans à d'Aurelle de Paladines, enfin chacun disait son mot, et il était triste.

Comme nous entrions ainsi causant, dans le village de Saint-Mars, quelques soldats marchant en avant se retournèrent brusquement et vinrent droit à nous.

C'étaient des chasseurs du bataillon qui, dans l'obscurité, nous avaient reconnus à notre voix. Ceux-là étaient bien du 2e, des vieux camarades de Douai, et l'on put enfin obtenir quelques renseignements sur la bataille.

Le 7e de marche, après être resté du 10 au 30 novembre dans l'immobilité la plus absolue, se cantonnant, tantôt à Gémigny, tantôt à Saint-Péravy, tantôt à Chênes, était parti de ce dernier endroit le 1er décembre dès le commencement de la journée, marchant dans la direction du canon, puis après de nombreuses haltes, était arrivé à la nuit tombante sur le champ de bataille.

La victoire, ce jour-là encore nous appartenait ; le terrain était conquis, et les Prussiens refoulés. Mais le lendemain devait éclairer le commencement d'une nouvelle série de revers, terminée seulement par la paix.

Le 2 décembre, —funèbre date,— après une nuit atroce, plus terrible encore que celle du 11 novembre, le bataillon était parti en colonne.

L'on avait dit aux chasseurs : allons, du courage, vous avez aujourd'hui 32 kilomètres à faire, la bataille sera pour demain, et ils n'étaient pas en marche depuis une demi-heure, que tout à coup, à l'improviste, les obus arrivaient sur eux. Ils avaient courageusement soutenu la lutte contre les masses prussiennes jusqu'à midi ou une heure environ, puis, abandonnés par le 31ᵉ de marche qui s'était débandé, privés d'artillerie, les rangs déjà terriblement éclaircis par les balles et les obus qui, cette fois, faisaient d'épouvantables ravages, ils avaient commencé la retraite, puis peu à peu s'étaient enfuis en débandade dans toutes les directions, les uns sur Orléans, les autres sur Blois. Bref, le soir du 2 décembre, le 7ᵉ de marche était anéanti.

Tués, bléssés, prisonniers, malades, fuyant sur toutes les routes, il n'en restait plus rien.

Alors nous faisions questions sur questions.

— Et le commandant?

— Blessé à la jambe.

— M. Huguel?

— Malade, entré à l'ambulance d'Orléans le 27 novembre.

— Et les camarades?

— Pizelle, tué, Geffretin, tué, Fourrier, tué, Luce, Cuvelier, Turc, Morel, etc., etc., tués. Harinthe, Brika, Ribaillier, etc., blessés et prisonniers.

Du reste, tous les blessés avaient été faits prisonniers.

— Et M. Truchy?

— Prisonnier avec la grenouille (les fonds de la compagnie).

Ce qui avait ainsi obligé ces pauvres malheureux sans provisions et sans solde à vivre de la générosité des paysans. Ceux-ci, du reste, il faut le déclarer, se conduisirent presque tous admirablement en cette circonstance.

Ils ouvraient la porte toute grande aux soldats, dressaient la table, sortaient le salé du saloir, le pain de la huche et le vin de la cave, puis disaient : mangez, buvez, mes enfants!

L'on peut affirmer que pendant huit jours, depuis Orléans jusqu'à Angers, les déroutés du 16ᵉ corps furent nourris par les paysans riverains de la Loire.

Et point de récriminations, jamais un mot de reproches, ils disaient seulement :

— Où sont-ils les gredins?
— A tel endroit.
— Viendront-ils jusque chez nous?

On leur répondait oui ou non, suivant qu'ils habitaient en deçà ou au-delà de Tours, puis c'était tout. Quant aux aubergistes, plus rapaces que jamais, ils spéculaient à plaisir sur la détresse des soldats.

Nous arrivâmes à Langeais sur les dix heures du soir, trempés comme aux beaux jours de Vendôme et de Marchenoir. Des paysannes se tenaient à l'entrée du village avec des lanternes, et au fur et à mesure qu'ils arrivaient, elles récoltaient les soldats pour les conduire dans des granges, des fermes, des sinets, partout enfin où il restait un peu de place. Puis auparavant, l'on nous faisait approcher devant de grands feux clairs, allumés dans les hautes cheminées autour desquelles on pouvait se sécher quinze ou vingt à la fois.

Le lendemain, nous allions coucher aux *Trois Volets*, et enfin le 15 décembre, nous arrivions à Saumur par un train spécial, que le chef de gare nous avait fait prendre à Port-Boulet!

La panique avait cessé à Tours, aussi la compagnie avait-elle fait remonter tout le matériel sur le chef-lieu d'Indre-et-Loire, et l'on embarquait là tous les malades, blessés ou éclopés que l'on faisait filer pour plus de précautions sur Nantes et Angers.

L'aspect des troupes dans Saumur, le 16 décembre, était, à peu de chose près, le même qu'à Tours, le 13. Des détachements venus du Mans repartaient pour le Mans en passant par Tours. D'autres venus de Tours, dirigés sur le Mans, partaient dans la direction de Châtellerault.

Des soldats isolés ou par groupes de dix, douze, quinze, de tous corps, de toutes armes, après être venus de Vierzon à Tours et de Tours à Saumur, étaient dirigés sur Poitiers, et d'autres, venant de Poitiers, après être passés par Tours, étaient dirigés sur le Mans; puis, plus tard, on devait encore les diriger sur les points d'où ils étaient venus.

Les intendances affolées s'y perdaient, les officiers chargés de rallier tous ces déroutés s'embrouillaient à chaque instant davantage, à cause des ordres différents, venus de tous côtés. Enfin, c'était le comble du désordre et de la confusion.

Quant à nous, le 17, on nous dirigeait par les voies ferrées de Saumur sur le Mans, où nous arrivions seulement le 18 dans la soirée, car il nous avait fallu prendre les trains spéciaux qui s'arrêtaient des heures dans chaque gare.

Au Mans, l'état-major de la place internait les soldats, au fur et à mesure de leur arrivée, dans une grande caserne nommée : *Trompe souris*, et enfin de cet endroit l'on rapatriait les isolés sur les dépôts respectifs.

C'est ainsi que nous arrivâmes à Douai, au dépôt du 2e chasseurs, après bien des retards occasionnés par la difficulté des transports qui se faisaient par mer, depuis l'invasion de toute la Normandie et l'occupation des voies ferrées.

---

Les armées allemandes montaient toujours davantage. Faidherbe, dont le quartier général était alors à Vitry, entre Douai et Arras, avait abandonné cette dernière ville à ses propres ressources, quand nous arrivâmes à Equerchin.

L'on croyait à un siége, tout le faisait présager; l'on nous garda donc à notre dépôt; nous étions une trentaine environ, revenus de la Loire. Les Sevaistre, les Guéroult, Notot, Blay, Dorbec, Geoffroy, Gaubert, etc., sains et saufs; Riballier, blessé à la jambe, qui avait pu s'échapper de la griffe des Prussiens et, après mille péripéties, était enfin revenu à Douai, en compagnie de son lieutenant, Harinthe, blessé et pareillement évadé.

Les autres étaient tués, blessés, prisonniers ou errants de droite et de gauche, éparpillés dans de nouveaux bataillons, sans doute.

Enfin nous ignorions tout à fait le sort des débris du 7ᵉ de marche lorsque, dans les derniers jours de janvier, la lettre suivante de M. Huguel, adressée à M. Harinthe, vint nous apporter quelques renseignements.

Laval, 24 janvier 1871.

Mon cher Harinthe,

Votre lettre vient de me causer une bien charmante surprise, je croyais que vous étiez au milieu des Prussiens, et pas du tout, vous voilà à Douai.

J'en suis bien aise; il n'est pas gai d'être prisonnier, j'en sais quelque chose, puisque je l'étais moi-même. Je ne sais si vous avez eu autant de difficultés que moi pour sortir les lignes ennemies; j'ai cru pendant un moment que je ne réussirais pas, tant que j'ai été arrêté. Heureusement un des amis du docteur Challan m'avait donné de bons renseignements, et la voiture de bois que je conduisais, a sauvé les apparences, sans quoi j'étais pris.

J'ai quitté Orléans le 26 du mois dernier, tous les détails que vous me donnez m'ont bien fait plaisir. Que de fois je me suis demandé ce qu'étaient devenus tous ces braves garçons que nous avions dans notre compagnie, maintenant que je suis fixé, pourvu que votre blessure et celle de Ribaillier se cicatrisent promptement, tout ira bien.

Le 7ᵉ bataillon de marche a été rudement bouleversé, je l'ai rejoint à Chahaignes le 31 décembre dernier. En arrivant, je n'ai trouvé que M. de Blandinières, avec 210 hommes du 7ᵉ et du 8ᵉ.

Depuis, nous nous sommes bien battus. Le 9, j'ai failli être repris à Chahaignes, avec 60 hommes ; si je me suis échappé, c'est grâce à un brouillard intense. Quelques-uns cependant ont été pincés ; trois jours après à Arnage, près du Mans, on nous a encore oubliés. Nous avons été obligés de traverser la Sarthe en bateau. Si notre détachement avait été plus considérable, nous ne serions jamais arrivés à exécuter cette manœuvre assez à temps. Fort heureusement nous n'étions environ que cent hommes.

A l'heure présente, nous sommes versés au 8ᵉ de marche. J'ai gardé, comme compagnie, les hommes de l'ancien 7ᵉ ; ils sont 72! (c'est bien peu sur 1,300). Je ne suis pas fâché de cette fusion ; nous étions si peu nombreux que nous étions délaissés partout.

Je suis heureux pour vous, mon cher Harinthe, de la proposition dont vous êtes l'objet, etc., etc., etc.

*Signé :* Huguel.

---

Ainsi notre pauvre 7ᵉ de marche était décidément anéanti ; mais il s'était aussi passé bien des événements à Équerchin depuis notre départ. Le dépôt du 2ᵉ avait habillé, équipé et organisé près de 5,000 hommes, envoyés à l'armée du Nord.

Il avait fallu donner des cadres à ces bataillons de nouvelle formation, et l'on avait été obligé de nommer sergents, sergents-majors et fourriers, absolument les premiers venus. Aussi M. Audié voulut-il garder ses « anciens de la Loire, » comme il nous appelait.

On nous destinait à former les cadres d'un nouveau bataillon de marche, composé des jeunes gens de la classe de 1871, attendus d'un jour à l'autre, lorsque la nouvelle de l'armistice suspendit toute levée. Un mois après, les préliminaires de paix étaient signés, et les 6 et 9 mars 1871 : engagés volontaires et anciens soldats, nous étions définitivement licenciés.

Les uns et les autres nous donnant une dernière poignée de main, nous regagnions nos foyers, où nous devions rester spectateurs de la triste guerre civile qui, après tant de ruines, devait en accumuler de plus tristes encore sur le sol de la patrie !

---

Nous partions tristes, mais, faut-il le dire, convaincus, hélas ! que notre licenciement était nécessaire. En effet, la guerre se fût-elle prolongée de quelques semaines, la paix n'en eût été que plus indispensable, plus cruelle et plus humiliante.

Dans la prévision du siège de Douai, nous avions même déjà établi le bilan de nos pertes qui devait se décomposer ainsi : vingt tués, trente à quarante bléssés et le reste prisonniers en Allemagne.

Les fonds destinés à l'armée allemande étaient déjà réunis depuis trois semaines à l'hôtel-de-ville.

Que vouliez-vous faire contre cela ? la seconde volée d'obus amenait un résultat prévu. Les échevins de l'endroit fussent allés trouver le commandant prussien et le siége de Douai se résolvait comme tant d'autres.

Oui, nous en avions assez vu. Un découragement suprême s'était glissé dans l'âme de tous, — officiers et soldats, — et autant nous étions partis, quatre mois auparavant, remplis d'ardeur, d'enthousiasme et d'espérance, autant nous étions maintenant désespérés et certains du triste final de cette guerre sanglante.

Oui, nous en avions assez vu ! Nous avions entendu les mobilisés du Nord, versés dans nos rangs, nous demander avec effroi s'ils étaient devenus soldats pour de vrai et s'ils iraient au combat. Nous en avions entendu d'autres, parmi eux, nous dire maintes fois et avec une conviction profonde qu'il faudrait donner à la Prusse l'Artois et les Flandres — c'est-à-dire leur propre pays — et terminer la guerre.

Nous avions vu *cent cinquante* de ces mêmes mobilisés rendre leurs armes à une demi-douzaine de uhlans !

Nous entendions tous les jours le langage des populations affolées de terreur ; nous voyions à chaque instant défiler sous nos yeux une mascarade de plumets et de galons, encombrant les rues des villes, loin du champ de bataille.

Nous assistions à une curée continuelle des grades, des rubans et des panaches, chacun se hâtant de faire sa petite affaire avant l'effondrement total, qu'il était facile de prévoir, et nous voyions tels officiers faire trois fois en un jour le trajet de Douai à Lille pour soigner la promotion prochaine, etc., etc.....

Ah! sans doute il en était encore qui luttaient sur les derniers champs de bataille avec toute l'énergie du désespoir, sans arrière-pensée de galons ni de panaches, mais ils ne pouvaient — pauvres martyrs! — sauver le pays à cette heure suprême.

Oui, nous avions vu tout cela et bien d'autres choses encore; aussi étions-nous désespérés depuis longtemps.

Aujourd'hui, tout est consommé, les faits sont accomplis, il ne s'agit donc pas de récriminer; mais est-ce à dire que la France soit à jamais perdue et que nous soyons un peuple tombé pour toujours?

A cela, il est peut-être une réponse facile et concluante à faire. La voici :

Les Allemands nous ont battus, non parce qu'ils étaient animés d'un courage invincible, mais parce qu'ils possédaient trois choses, le *nombre*, l'*organisation* et la *discipline*.

Quand nous aurons acquis cela en substituant à l'esprit de parti, qui nous ronge, l'amour de la patrie qui nous rendra forts, la Prusse ne pèsera plus bien lourd dans nos destinées!. . . . . . . . . . . . . .

FIN

# TABLE DES MATIÈRES.

|  | Pages. |
|---|---|
| La loi du 10 août 1870 | 1 |
| Les mobiles de Soissons | 9 |
| De Laon à Douai | 14 |
| Les rappelés | 19 |
| De la caserne d'Equerchin au champ Gaillan | 25 |
| Un conseil de révision à Douai | 31 |
| Un détachement du 2ᵉ chasseurs à pied | 40 |
| En route pour l'armée de la Loire | 47 |
| Quarante heures de chemin de fer | 53 |
| Le camp Dumorié, à Tours | 63 |
| L'armée de la Loire avant la loi martiale | 70 |
| Une réunion électorale à Tours | 79 |
| Arrivée de Gambetta | 85 |
| Le septième chasseurs de marche | 92 |
| Levée du camp Dumorié | 97 |
| Premières étapes | 105 |
| La Chapelle vendômoise | 119 |
| De Blois à Vendôme | 129 |
| Le bivouac des bois d'Aveisnes | 136 |
| Une simple marche de nuit | 145 |
| L'étape de Marchenoir | 151 |

| | |
|---|---|
| La forêt de Marchenoir et ce qu'on y voyait le 29 octobre 1870 | 158 |
| Le bivouac de Mayes | 168 |
| Entre Villetroche et Pontijou | 173 |
| La canonade de Saint-Laurent-des-Bois | 179 |
| La marche forcée du 8 novembre | 186 |
| Bataille de Coulmiers | 199 |
| Bataille de Coulmiers (suite) | 213 |
| Le lendemain de la bataille | 229 |
| De Patay à Toulouse | 241 |
| La panique de Tours | 253 |
| De Tours au Mans en passant par Saumur et Angers | 263 |

Paris. — Typ. A. Parent, rue Monsieur-le-Prince, 31.

Paris. Typ. A. Parent, rue Monsieur-le-Prince, 31

www.ingramcontent.com/pod-product-compliance
Lightning Source LLC
Chambersburg PA
CBHW050643170426
43200CB00008B/1136